화교

차례
Contents

전세계를 누비는 화교

"바닷물 닿는 곳에 화교가 있다" "연기 나는 곳에 화교가 있다" "한 그루 야자나무 밑에는 세 명의 화교가 있다" 등의 표현은 중국인이 해외에 폭넓게 분포하고 있음을 나타낸다. 화교(華僑)는 일반적으로 중국 본토 이외의 국가나 지역에서 거주하고 있는 중국계의 사람들을 가리킨다. 여기서 '華'는 중국을 의미하며, '僑'는 타국에서의 거주 내지는 임시 거주를 의미한다. 그러나 중국 국적을 가진 사람들 중 다수가 현지 국적으로 바뀌고 2·3세가 늘어남에 따라 지금은 현지 국적을 가진 사람이 대다수를 차지하게 되었다. 이들을 화교와 구별하여 화인(華人)이라 부르기도 한다.

화인이란 혈통으로는 중국인이지만 중국에 대한 정치적 충성심을 가진 중국인이 아니다. 이들은 현지 국적을 취득해 현지 국가에서 경제활동을 한다는 의미에서 화인으로 지칭된다. 영어로는 'Overseas Chinese' 혹은 'Ethnic Chinese'로 불린다.

화교와 화인에 대한 정확한 통계는 없다. 또한 중국 본토 이외의 지역에서 거주하고 있다는 점에서 홍콩, 대만 사람들도 화교로 간주될 수 있다. 사실상 개인이 아닌 하나의 집단으로서 화교 사회는 현지 토착 사회와 구별되는 여러 가지 특성을 지니고 있기 때문에, 그들을 무엇으로 부르든 어떤 조건들에 의해 규정하든 간에 그들은 여전히 중국인의 후손이고 다양한 정도의 중국적인 것을 갖고 있으며, 감정적으로 중국에 연결되어 있다는 공통적인 속성을 갖고 있다. 따라서 이 책에서는 화교를 일반적인 넓은 의미의 개념, 즉 화교와 화인을 엄격히 구별하지 않고 중국 본토를 떠나 생활하는 사람들이라는 비교적 포괄적인 의미로 사용하고자 한다.

화교 사회에 대해서는 "중국인(화교)들은 정말 용감하며, 세계 어느 곳에서나 활발히 상업활동을 하면서 자기들만의 세계를 만들어 중국문화를 지킨다"라는 의견이 많다. 이러한 이미지는 폭넓게 자리하고 있다. 이와 함께 일반적으로 화교는 폐쇄적이고 문화적으로도 완고하고 보수적이라는 견해도 있다. 이 같은 견해는 화교 자신들도 일부 가지고 있다. "우리 중국인은 중국문화를 지킨다"라며 다소 우쭐대듯이 말하는 화교가 적지 않다.

어쨌든 화교 사회가 어느 정도의 문화적 응집력을 갖고 있다는 것이 중론이다. 화교는 특수한 문화적 특성이 있어서 어떤 시대, 어느 장소에서도 판에 박은 듯한 상술을 발휘하고 지역 사회와는 별도로 독자적인 사회를 형성하며 자기 문화를 완고하게 지키는 민족으로 인식되고 있다.

하지만 하나의 이민 집단인 화교는 19~20세기의 다른 나라에서 이주한 많은 이민 집단들과 크게 다르지 않다. 대다수 이민 집단이 그렇듯이 화교, 특히 1세에게는 모국어와 중국문화를 유지하려는 본능이 있었으며, 점차 이주지를 본거지로 삼아 다른 문화를 받아들이고 거기에 적응하려는 경향이 나타났다. 화교는 상황에 따른 대응으로서 때로는 안으로 움츠리기도 하고 때로는 적극적으로 외부 세계와 융화를 모색하면서 그때마다 중국 본토의 중국인들과는 다른 독자적인 특성을 보이기도 했다.

화교는 피부와 언어, 민족, 사상이 다른 이들이 살고 있는 타국에서 거대한 번영을 이루어냈고, 지금도 더욱 큰 도약을 위해 전진하고 있다. 세계 곳곳에 화교들의 거주지인 차이나타운이 건설되는 지금과 같은 성장에 이르기까지 화교의 역사는 깊고도 파란만장했다.

스터링 시그레이브가 『중국인 이야기』에서 "화교는 어느 한 국가에 속하지 않는 세계적인 규모의 인종 세력이다"라고 표현했듯이, 화교들은 해외 구석구석에까지 널리 퍼져 있으며 자신들이 속해 있는 거주국에서 커다란 힘을 발휘하고 있다.

오랜 이주 역사

화교의 이주 과정과 역사는 12세기까지 거슬러 올라간다. 12세기 남송 해안 상품경제의 급격한 발전에서 시작하여 16세기 후반 명대의 개방까지의 약 4-5백 년간 화교들은 오늘날의 싱가포르, 베트남, 태국, 필리핀 등 교통 무역의 중심지로 이동하였으며, 그 수는 약 10만 명이 넘었다. 이 지역에서 해외 무역을 하는 중국 상인들의 일부가 정착하여 제1기 화교사회를 이루었다. 그 중에는 경제적인 이유 이외에도 정치적인 이유 때문에 해외로 도피한 이들이 포함되어 있었다.

그 후 16세기 후반부터 1840년 아편전쟁이 일어나기까지의 약 3백 년간 제2기 화교 진출이 이루어졌다. 이 시기에 화교들의 출국이 대량으로 이루어져서 동쪽으로는 일본과 조선, 서쪽으로는 인도 동부 해안, 남쪽으로는 인도네시아, 북쪽으로는 러시아에 이르기까지 약 100만 명 이상으로 그 수가 증가하였다. 이 시기의 동남아 일부 지역은 이미 서구 열강의 식민지 또는 무역 중개지로 변해 있었고, 상품경제가 매우 활성화되어 있었기 때문에 많은 화교를 끌어들일 수 있었다.

제3기는 1840년 아편전쟁에서부터 1949년 중화인민공화국 성립까지의 시기이다. 이 때는 끊임없는 전쟁과 제국주의의 경제적 약탈로 인해 생활이 어려웠으며, 이에 따라 화교의 대량 출국이 일어나 그 수가 1,000만 명에 달했다. 이 시기에 화교들은 민족의식을 점차 인식하고 자각함과 동시에 현지 거주

민족으로서의 자리매김을 시작하였다. 활동 범위 또한 아시아에서 미주와 유럽, 아프리카 등으로 확산되어 오늘날 화교들이 세계 각국에 널리 퍼지게 되는 기반을 다졌다.

제4기는 1949년 중화인민공화국의 출범 이후부터 지금까지의 시기이다. 중화인민공화국 성립 이후 중국으로부터의 대규모 이민은 중단되었다. 당시 중국인들은 사회주의 체제 속에서 합법적으로 이민을 추진하기 힘들었기 때문에 현지에 정착하여 살아갈 수밖에 없었다. 그럼에도 불구하고 경제발전의 차이와 미국, 캐나다, 호주 등의 이민정책 확대로 인해 많은 중국인이 본토를 빠져나갔고, 친척 방문 또는 유학 등의 방법으로 계속해서 해외로 이주하여 화교의 수는 여전히 지속적으로 증가하였다.

전세계에 화교가 없는 곳은 거의 없다. 그들은 그런 수적인 팽창과 함께, 거주지에 관계없이 모두 중국인일 수밖에 없다는, 의식의 저변에 흐르고 있는 중화사상으로 인해 중국의 뒤늦은 용트림에 한몫을 하고 있다.

화교의 대부분은 광둥성[廣東省], 푸젠성[福建省] 출신이 주류를 이루는데, 이는 동남아와 인접한 지리적 조건과 함께 인구 과잉, 경작지 협소 등으로 인한 궁핍한 생활, 정치·사회 불안 및 그들의 개척 정신 등이 복합적으로 작용하였기 때문이었다. 이주를 촉진시킨 또 하나의 외부 요인으로 유럽인과의 접촉을 드는 사람도 있는데 청나라 시대에 유럽에게 개방된 곳이 광둥성, 푸젠성뿐이었다는 사실을 감안해 볼 때 근거가 있는 것으로 보인다. 화교의 형성 원인으로는 이외에도 이주지의 개발에 따른 중국인 노동자의 유치(19세기 말 유럽 각국의 식민지 정책에 따른 경쟁적 개발로 인한 노동력 부족과 중국 내 노동력의 포화에 의해 값싼 노동력이 유입됨), 선구 화교들의 권유 등도 포함될 수 있다.

한편, 화교의 분포에 대한 정확한 통계는 중국이 혈연주의를 취하고 있어, 출생주의를 취하고 있는 거주국 측과 통계의 근거가 다르기 때문에 그 정확한 수치를 내는 것이 어려운 실정이다. 오늘날 화교는 세계 90여 개국에 5,000여 만 명이 거주하고 있는 것으로 추정된다. 그중 90% 이상은 아시아 지역에 집중되어 있는데, 이는 무엇보다도 지리적으로 가깝기 때문이다. 아시아 이외 지역에서 화교들이 가장 많이 몰려 있는 곳은 미국 캘리포니아 주이다. 이곳에는 100만 명 이상의 화교가 살고 있다. 화교들은 90% 이상이 거주 지역에 귀화해 그 나라 시민이 되었다. 중국 국적을 그대로 지니고 있는 화교는 200만 명에 불과하다.

언어별로 볼 때, 해외 화교 중에는 호키엔(푸젠성)어 사용자가 3,500만 명으로 가장 많고, 광둥어 2,000만 명, 하카(중국 내 특정 도시, 농촌 지역 출신이 아님)어 600만 명, 북경 중심의 보통어 500만 명 등이다. 또, 출신지별로는 대만이 2,030만 명으로 가장 많고 인도네시아 720만 명, 홍콩 660만 명, 태국과 말레이시아 각각 580만 명, 싱가포르 270만 명, 필리핀 90만 명, 베트남 70만 명 등의 순이다.

화교의 생존 전략

　한국화교경제인협회 원국동(袁國棟) 회장은 타향살이에 따르는 불안정성과 불확실성을 보완하기 위한 화교들의 리스크 관리는 유별나다고 주장한다. 화교들은 '교활한 토끼는 3개의 굴을 갖고 있다[狡兎有三窟]' '닭의 머리가 될지언정 용의 꼬리가 되지 않는다[寧爲鷄首, 而不爲龍尾]' 등과 같은 삶의 지혜를 어려서부터 몸소 익혀 평생을 두고 실천한다. 따라서 대다수의 화교들은 불확실한 직장생활보다는 전문직에 종사하거나 창업하는 길을 선택한다. 그들은 샐러리맨이 되더라도 리스크를 회피하는 노력을 게을리 하지 않는다. 사회 초년생은 일단 월급을 최대한 저축하여 종자돈을 만들어낸다. 어느 정도 돈이 모이면 친구 몇 명과 공동 출자하여 소규모 식당이나 옷가게 등의 점포를 연다.

동업을 선호하는 것은 창업 자금의 부담이 적고, 기본 고객
(동업자들의 친구와 친척들이 잠재 고객)의 확보가 쉬우며, 사업
실패에 따른 위험도 줄일 수 있기 때문이다. 동업에는 일정한
원칙이 있다. 전문경영인을 두거나 비교적 시간적 여유가 있
는 주주 중 한 명이 유급제로 책임 경영한다. 상황에 따라 매
3개월, 6개월 혹은 1년 단위로 정산을 하여 각자의 이익금을
분배하여 찾아간다.

대만과 동남아의 웬만한 화교 샐러리맨들은 보통 2-3개의
소규모 사업장에 공동 투자하고 있다. 사업이 잘될 경우 여기
저기 투자해서 나온 배당금이 자신의 월급보다 많은 경우가
흔하다. 배보다 배꼽이 큰 것이다. 일부는 이 배당금을 다시
국내외 뮤추얼펀드에 장기 투자하여 자본이득과 환차익까지
노리고 있다. 따라서 이들은 직장 상사의 눈치를 볼 필요가 없
다. 그들이 해야 할 일은 회사에서 자신의 경력을 잘 쌓고 포
장하는 것이다. 그리고 기회가 된다면 언제든 보다 유망하고
보수가 높은 직장을 찾아 옮긴다. 화교에게 직장은 자신의 몸
값을 높이기 위한 곳이지 평생직장이 아니다.

화교 상인들이 유능한 상인 집단으로 자리잡은 것은 그들
만의 독특한 금전관과 상술에 기인한다. 화교들은 돈에 대한
집착이 엄청나다. 아이 돌잔치 상에 돈, 연필, 실 등을 올리는
우리와 달리 붓과 주산을 올리는 게 중국인이다. 새해 첫 인사
말로 "돈 많이 버십시오"라는 말을 할 정도이다. 비즈니스의

궁극적인 목적은 돈을 버는 것이다. 손해 보는 장사라는 것은 상상할 수도 없다. 이는 화교들 특유의 치밀한 계산능력에 기인한다.

화교가 부를 축적하는 것은 돈을 모으는 데만 훌륭한 것이 아니라 절약과 소비에 있어 씀씀이가 탁월하기 때문이다. 초기의 화교는 경제적 배경이 없는 노동자나 농민으로 그들은 예외 없이 육체노동으로 생계를 유지하였고, 임금을 저축, 절약하여 지위를 상승시켰다. 이들은 이주민으로서 정착이 가능하게 되자 강한 신분 상승의 의지로 '화상(華商)'의 길을 걷게 된다. 그들은 대개 노점에서 시작하였는데, 이는 소자본으로도 쉽게 시작할 수 있다는 점 때문이었다. 또한 이들은 점차 원주민들과의 농산물 물물교환이나 고리대금업 등의 영세 금융도 행하게 되었다. 이들은 상업 부문에서 독자적인 조직을 가지고 있다. 이는 혈연과 지연에 의해 강력한 조직력을 갖고, 소매점에서부터 대규모 상점에 이르기까지 일관된 구조를 보인다.

화교들이 가진 또 하나의 장점은 협상에 뛰어난 자질을 가졌다는 점이다. 포커페이스로 알려진 화교들은 이해득실을 철저히 따진 후에 자신의 마지노선을 정하고 협상에 응하는 경우가 대부분이다. 여기에 빠른 현지 적응력과 상대방을 파악하는 장점마저 더해져 협상에 있어 항상 유리한 고지를 점한다. 때때로 흥정이 잘 되지 않으면 고성이 오가는 경우도 있지만, 일단 성사가 되면 만족스러운 웃음을 짓는다. 이는 단 1원이라도 이익을 얻을 수 있다는 의미이다.

만만디의 위력

화교의 특성으로는 무엇보다도 근면과 인내를 들 수 있다. 이는 그들의 이주 지역에서의 높은 적응력과 성공에서 잘 드러난다. 둘째, 단결성을 들 수 있다. 이는 다음과 같은 4개의 요소로부터 성립되는데, 혈연과 지연에 의한 단결력, 철저한 자치력, 상호 부조의 정신, 직업에 의한 연대 등이다. 이는 자국과 다른 기후에 대한 극복, 원주민들과의 관계 개선에 큰 도움이 된 성공의 원동력이었다. 셋째, 정착성이다. 화교의 성공은 그들의 끊임없는 노력의 결과로 이해될 수 있다. 이는 그들이 현세에서 꼭 행복을 이루겠다는 의지의 표현으로, 내세보다는 현세 중심의 자세에서 비롯된 것이다. 넷째, 낙천성이다. 화교가 가진 낙천적 성격은 그들의 '천명관(天命觀)'에서 비롯된 것이다. 행복하든 불행하든 하늘의 뜻에 모든 것을 맡기고 있기 때문에, 어떻게 보면 개방성으로 확장되기도 한다. 다섯째, 화교들은 전통을 상당히 중요시한다. 그들은 오래전부터 유교의 효도, 도교의 조상 숭배 사상에 의해 길러졌고, 이런 연유에서 보수주의적인 성격을 지니게 된다.

만만디[慢慢地]라는 말처럼 느긋하면서도 조금도 손해 보지 않는 치밀한 계산, 누구와도 원수 삼지 않는 대인관계, 자신이 품고 있는 욕심보다 꼭 한 걸음씩 물러설 줄 아는 자제력 등에서 화교의 잠재력을 엿볼 수 있다. 화교들은 아무하고나 친해지지는 않는다. 인간의 속성이 다 그렇겠지만, 그들은 대인관계에 있어서 이해득실을 아주 확실하게 따지고 든다. 그 기준은 자신들이 정한다. 처음에 보기엔 별 근거 없이 보여도 그들 나름대로 확실한 계산이 있고 판단도 가미된다. 그러다가 일단 서로 가까워지면 가족같이 발전되고 또한 가능한 한 오랫동안 지속되길 원한다. 물론 서로가 서로에게 필요한 존재로서 말이다.

몇 년 전 명동에 위치한 대만대사관에 중국 오성기가 게양되었을 때 그것을 본 많은 대만 출신 화교들이 눈물을 흘렸다고 한다. 그들은 분노하고 애통해 하는 것처럼 보였다. 하지만 현재 그들은 중국 본토를 내 집같이 드나들며 바쁜 나날들을 보내고 있다. 그들은 결코 감정에 치우쳐 돈벌이를 놓치는 일이 없다. 마치 생존의 법칙을 본능적으로 감지하는 능력을 갖고 있는 것처럼 보인다.

화교의 현지화

20세기 초반의 화교 사회가 중국 본토와 밀착되어 중국문화를 흡수하려는 힘에 강렬히 끌려들었던 데 비해 20세기 후반 화교 사회의 중요한 특징은 '화교의 현지화', 즉 화교가 현지 문화를 받아들이고 현지 사회의 일원으로서 살아왔다는 점이다. 이 변화 과정은 동남아 현지 사회의 변화로 인한 화교에 대한 외적인 압력과 그에 대응하는 화교의 선택이 불러온 결과라고 이해될 수 있다.

사실 제2차세계대전 이후 동남아 국가에서는—정도의 차는 있으나—화교의 경제활동을 압박·제약하는 정책이 추진되었고, 화교로 하여금 문화적 독자성을 포기하고 현지 사회에 동화하도록 강요하는 압력이 가해졌다. 대부분의 국가에서 새로운 중국인의 이민은 제한되었고 화교의 정치활동은 제한 또는 금지되었다. 특히 외국 국적 화교의 경제활동을 실질적으로 금지했고 강제적인 재산몰수와 이주가 행해졌다. 또한 현지인의 경제활동을 우대하는 정책이 채택되는데, 대표적으로 말레이시아의 부미푸트라[抑華扶馬, 중국인 세력을 억제하고 말레이계를 지원하는] 정책 및 인도네시아의 각종 경제적 토착화 정책이 그것이다.

전후의 동남아 사회는 화교에게 더 이상 중국인의 실체를 갖도록 허용하는 곳이 아니었다. 적어도 표면상으로는 현지 문화를 받아들이고 현지어를 말하며, 때때로 중국 이름도 현지식으로 바꾸고 경제활동도 현지 사회와 타협해 나가지 않으면 안 되는 지역이 되었다.

그러나 현지 문화에 대한 화교의 동화가 수동적으로만 이루어진 것은 아니다. 오히려 그런 외압의 한쪽에서 화교 자신들이 현지 사회에 자발적으로 동화하려는 의식도 있었다. 반복되는 반(反)화교 폭동 속에서 화교는 '중국'이 결코 그들이 의지할 만한 배경이 되지 않는다는 점을 인식하였고, 새로운 이민이 중단된 상황에서 현지 사회에 대한 적응만이 유일하게 가능한 선택인 점을 이해하고 있었다. 또한 시간이 경과함에 따라 현지에서 출생한 2세들이 늘어난 것도 화교의 현지화를 촉진시켰다.

출생 시부터 현지 언어로 양육되고 현지의 교육을 받은 2·3세들은 중국과 중국문화에 그다지 강한 친근감이 없으며 많은 면에서 현지 국민으로서의 일체감을 갖는다. 오늘날 동남아에 분포하는 대다수 중국계는 '태국 화교' '인도네시아 화교'라는 등의 의식을 갖고 있는데, 이러한 의식은 단순히 현지 사회의 적의를 피하기 위한 것만이 아니라, 현지 문화를 수용하는 가운데 거주국의 고유한 토착민으로서의 개성을 키워나간 결과라고 할 수 있다.

왜 화교 네트워크에 주목하는가

주목받는 화교자본

21세기를 중국의 세기로 보는 사람이 많다. 그동안 '숨어 있는 주역'으로 알려진 화교들이 금명간 '드러난 주역'으로 행세할 것이기 때문이다. 중국계 화교가 세계의 주역이 될 것으로 보는 이유는 이렇다. 첫째, 화교들의 경제력이 급속히 팽창하고 있으며, 둘째 화교들이 여타 아시아·태평양 지역의 발전에 커다란 기여를 하고 있다는 점이다. 화교를 포함한 중국계의 경제력은 하루가 다르게 커지고 있다. 아시아·태평양 지역에서 중국계가 일본이나 미국의 역할을 압도하고 있는 점도 눈여겨볼 대목이다.

최근 동아시아의 경제성장과 중국의 급속한 경제발전과 더불어 지역경제와 세계경제 속의 화교 및 화교자본은 크게 주목받고 있다. 지난 1989년 천안문 사태 직후 서방 국가로부터 경제 제재를 받을 때도, 중국은 전세계 화교자본의 투자에 힘입어 고도성장을 유지할 수 있었다. 또한 화교자본은 1997년 아시아 경제위기 속에서 큰 타격을 받았음에도 불구하고, 대만 경제를 중심으로 여전히 지역경제에서 중요한 위상을 유지하였으며, 오히려 그 역할이 더욱 증대되고 있다. 전문가들은 앞으로도 화교자본이 중국 경제도약의 촉매제가 될 것이며, 화교들은 다방면에서 선구자적인 역할을 담당할 것으로 예상하고 있다.

　세계 각국이 화교자본을 주목하는 것은 일단 그 자본 규모가 거대할(현금성 유동 자산만 2조2천억 달러 추산) 뿐 아니라, 대체로 핫머니 성격이 강한 서방자본과는 달리 화교자본이 글로벌 시대에서 시장경제의 원리에 따라 매우 평화적이고 실질적으로 운용되고 있다는 데에 그 이유가 있다. 즉, 치고 빠지는 일회성의 투기가 아니라 수익이 있는 한 계속 현지에 대한 투자가 이루어진다는 것이다.

　화교경제권 형성의 계기는 1970년대 말 중국 정부가 취한 대외정책의 변화와 직결되어 있다. 즉, 1980년대 중국의 대외경제개방이 본격화되자 화교자본의 중국투자가 대규모로 이루어지기 시작하였고, 이것이 중국의 경제성장에 견인차 역할을 하면서 화교경제권이라는 개념이 등장하기 시작한 것이다.

화교경제권이 중국의 대외개방이라는 정책변화를 계기로 부상한 이면에는 동일한 언어, 역사적 경험의 공유 그리고 혈연 및 지연 등을 통해 강력하게 결집되어 있는 동남아 거주 화교 집단의 공동체적 바탕이 토대가 되었다. 이를 기초로 화교경제권은 전세계 화교기업을 연결시켜 주는 독특한 네트워크와 기업 경영 관행을 축적해 오고 있는 것이다. 홍콩의 항성은행 [恒生銀行]의 행장은 "21세기의 세계경제는 구주, 북미, 중국 계 지역(중국, 홍콩, 대만)으로 3극화될 것"이라고까지 말한다.

화교경제권은 유럽연합(EU)이나 북미자유무역협정(NAFTA) 과 같은 제도적 통합체가 아닌 동일 민족을 바탕으로 한 기능 적 통합체이기 때문에 결속력, 특히 경제적 협력에 있어서 어 떤 통합체보다 큰 힘을 발휘하고 있다. 특히 최근 중국이 세계 무역기구(WTO)에 가입함으로써, 중국 진출을 희망하는 외국 계 다국적 기업들이 시행착오를 줄이기 위한 방편으로 홍콩, 대만, 싱가포르 등의 화교자본과 결탁하는 등의 우회 전략을 구사할 정도로 화교의 위력은 막강하다.

주목받는 화교 네트워크

세계화의 추세 속에서 개별 화상은 세계적인 조직체나 인 터넷 구축 등을 통해 그 어느 조직보다도 강력한 네트워크화 를 추진하고 있다. 해외에 이주한 화교들은 그들이 거주하는 현지 사회에 적응하여 그 사회의 구성원으로서 사회적 역할을 수행하는 과정에서 여러 가지 성격의 조직체를 설립하게 되었다. 그것이 화상의 독특한 네트워크이며 그 본질은 중국인의 독특한 혈연 및 지연 결합 방식과 연관되어 있다. 화교가 해외로 강력하게 팽창할 수 있는 것은 강한 결합력과 단결심 그리고 그것을 축으로 하여 세력을 확대하고 있는 소위 네트워크의 힘이라 볼 수 있다. 화교 네트워크는 상호 원조를 목적으로 하고 있으며, 동족·동향 및 동업 결합체에 의해 이루어진다.

우리가 화교 및 화교 네트워크에 주목하는 이유는 무엇보다도 그들이 지니고 있는 경제적 위상에서 비롯된다. 화교를 하나의 집단으로 볼 때 이들이 지닌 경제력의 규모는 세계 제3위를 차지한다. 화교들은 한국과 일본을 제외한 동아시아의 여러 나라에서 무역과 투자 양면에서 지배적인 역할을 하고 있다. 홍콩, 대만, 싱가포르에 거주하는 화교들은 이 지역에 대한 자본 공급 및 외국인 투자 부문에서 일본을 앞지르고 있다. 또 태국, 말레이시아, 인도네시아, 필리핀, 베트남에 대한 최대의 외국인 투자가는 일본인이 아닌 중국계이다. 그밖에도 중국 대륙에 대한 외국인 투자총액의 80%를 화교가 차지하고 있으며, 대만의 경우에도 주요 화교 거주국과의 교역이 전체의 약 80%를 차지하고 있다.

그러나 화교의 생활 및 사업 환경이 그렇게 혜택받은 것은 아니었다. 과거에는 거주국 정부가 사회, 경제 면에서 화교에 대해 제한을 가한 적도 있었다. 그러나 화교들은 이런 역경에 처하면서도 화교 네트워크를 이용하여 서로 도우면서 어려움을 헤쳐 나갔고, 기업을 꾸준히 성장시켜서 현지 사회와의 융합과 정치 참여를 추진해 왔다.

화교는 각 거주국에서 소수민족에 불과하지만 경제적으로는 거대한 힘을 보유하고 있다. 인구 구성으로 봤을 때 '화교 국가'라고도 할 수 있는 홍콩, 대만, 싱가포르에서는 물론, 점유비율이 적은 아세안 제국에서도 화교기업은 발군의 실력을 보여준다. 지난 1994년 미국의 『포브스』지는 아시아 화교의 GNP는 5천억 달러 이상으로 중국 본토의 GNP와 비견될 정도이며, 연평균 7-10%의 급성장을 달성하고 있다고 밝히기도 했다. 그 후 화교의 위상은 지속적으로 높아지고 있다.

화교들의 현지 사회와의 통합 혹은 화교들의 정치적 위상 정도는 화교들이 정치에 어느 정도로 참여하고 있는가를 살펴봤을 때 잘 드러난다. 화교가 전체 인구의 3/4을 차지하는 싱가포르에서는 리콴유[李光耀, 이광요] 등으로 대표되는 수많은 정치가가 활약했다. 태국의 경우는 1988년 이후 역대 수상인 챠챠이, 아난, 스친다, 츄완 등이 모두 화교 출신이다. 태국에서는 현직관료, 국회의원 중에도 화교가 많다. 필리핀의 전 대통령인 아키노도 화교 출신이다. 1988년 중국을 방문했을 때 아키노 대통령은 북경에 들어가기 전에 푸젠성에 있는 증조부의 고향을 방문하기도 했다. 한편 말레이시아에서는 화교계의 2대 정당이 전체 인구의 3할을 점하는 화교를 대표하여 정계에서 활약하고 있으며, 각료 중 1/4은 화교이다.

동남아시아의 화교

동남아의 경우 화교들의 텃밭이라고 해도 과언은 아니다. 지난 1997년 외환위기가 닥치자 당시 인도네시아 수하르토 대통령이 화교자본들이 돌아와 줄 것을 공식적으로 요청하는 호소문을 냈을 정도이다. 화교들은 지구상에서 가장 강력하다는 유대자본과 겨룰 수 있는 유일한 비즈니스 집단으로 거론되기도 한다. 나아가 화교들이 세계경제를 좌우할 것이라는 분석을 내놓은 경제학자나 미래학자들도 부지기수다.

화교기업은 해당 국가의 정치와 경제에 커다란 영향력을 미치고 있다. 그러나 화교들은 대부분 현지의 국내 정치에 직접 관여하지는 않는다. 대신 사업에만 전념하면서 역내(域內)의 주도적인 경제 엘리트 세력으로 활동하고 있다. 예컨대 화교기업이 상장기업의 주식시가 총액에서 차지하는 비율을 보면, 태국과 싱가포르가 80%로 가장 높으며 인도네시아는 75%, 말레이시아는 60%, 가장 비율이 낮은 필리핀에서도 50%를 차지하고 있다.

중국의 혼란기에 굶주린 배를 채우기 위해 고향을 떠나 먼 이국 땅에 정착하여 살고 있는 화교들은 이제 동남아시아의 중요한 경제 세력으로, 또 중국 경제발전의 원동력으로 부상하고 있다. 싱가포르, 말레이시아 등 동남아 각국에 흩어져 살고 있는 화교들은 그들의 국적은 저마다 달라도 그들 자신이 중국인이라는 것을 자랑스럽게 생각하는 사람들이다. 그들은 어려운 환경 속에서 온갖 역경을 이기고 그들 나름의 화교 사회를 구축하기까지 철저하게 실용주의적이었고, 중국인 특유의 가족 중심적 사고방식을 잃지 않고 있다. 우리말에 "개처럼 벌어 정승처럼 쓴다"는 말이 있는데 이 말이 바로 화교들의 경제철학을 말하는 것이 아닌가 싶다. 화교들은 그들의 부를 축적하기 위해 그야말로 온갖 궂은일과 어려운 일을 마다하지 않고, 근검절약하고 노력해 왔으며, 이제는 그 부를 과시하고 자랑하는 데 주저하지 않는다.

동남아시아 각국의 성공한 화교들은 선조들이 눈물을 흘리며 떠난 중국의 고향 땅에 금의환향하여 자랑스럽게 거액의 투자를 하고 있다. 이는 매년 1,000억 달러가 넘는 중국의 외국 투자자본 중 50% 이상이 화교자본이라는 것을 보면 알 수 있다. 경제적으로 도움이 되는 일이라면 아무리 궂은일이나

자존심 상하는 일이라도 서슴없이 하는 화교가 이제 동남아시아 경제의 주역으로 등장하고 있는 것이다.

동남아 화교의 중국 본토에 대한 투자도 두드러진다. '부유한 화교'들은 고향을 발전시켜 달라는 중국 지방 정부 지도자들의 간곡한 부탁을 받아들였다. 인도네시아 화교들은 주로 푸젠성과 북경 등지에서 산업공단을 조성하거나 은행업, 부동산업, 시멘트 제조업, 건설업, 농업 관련 산업 등에 뛰어들었다. 필리핀 화교들은 푸젠성을 중심으로 소기업을 경영하고 있다. 라오스와 말레이시아 등의 화교들도 대중투자에 적극적이다. 라오스의 경우 아직 중국과의 교역량은 미미하지만 현재 급속도로 증가하고 있는 추세이다. 한때 중국과의 관계가 소원했던 말레이시아는 최근에 관계를 정상화하였고, 그에 따라 말레이시아 화교들의 대중투자도 늘어가고 있다. 말레이시아 화교들은 대중투자 지역을 선정할 때 비교적 개발돼 있는 지역을 선호하고 있다. 미얀마, 싱가포르, 태국 등의 화교들은 그동안 농작물 재배나 통신 기계, 부동산 등 일부 사업에 국한해 투자했으나 점차 그 사업 영역을 확대해 나가는 추세이다.

태국 : 경제의 모든 분야에서 강세

태국의 화교는 비교적 오랜 역사를 지니고 있다. 1660년에 이미 1만여 명의 화교가 거주했고, 1885년엔 화교 수가 20만 명, 현재는 태국 전체 인구의 10%에 이르고 있다. 태국 남부

지방에 거주했던 초기 화교들은 천연고무와 후추, 주석 부문을 장악했고, 해안 지역 거주 화교들은 선원이나 어부 등으로 활약했다.

그 후 태국 화교들은 민간 부문 발전에 상당히 중요한 역할을 수행해 왔으며, 태국 내 상장기업의 상당 부분을 장악하고 있다. 여타 동남아시아 국가에서와 마찬가지로 태국 내 화교의 경제 분야에서의 역할과 영향력은 제2차세계대전 후에 특별히 중요한 위치를 차지하게 되었으며, 고무, 설탕, 낙농, 채소 등의 농업과 제조업, 은행 및 금융업, 건설 및 부동산업, 도·소매업을 포함한 거의 모든 부문에서 활발한 활동을 보이고 있다.

태국 화교들의 문화적 유사성은 그들이 태국 사회에 동화하는 데 중요한 역할을 담당했다. 이들은 대부분 태국인과 같은 종교(불교)를 공유했고 태국어를 배우려는 자세를 가지고 있었다. 태국 승려가 새로 설립된 화교계 기업의 축복을 기원하고, 태국 왕족 앞에 엎드린 화교의 사진이 사무실에 자랑스럽게 걸려 있는 경우가 많듯이, 화교에 대한 태국인의 인식은 태국인의 조상이 중국계라고 주장하는 상태에까지 이르렀다.

태국 화교의 현주소를 알리는 이정표는 재중국화이다. 태국 현실에 적응하기 위해 창씨개명까지 했던 그들은, 요즘 명함에 한자 이름을 새로 넣고 모국어도 다시 배우고 있다. 재중국화의 또 다른 모습은 대륙과의 유대 강화이다. 해외 중국계 기업인들의 중국투자에는 단순히 투자가 아니라, 거기에 조국애

란 감정이 실려 있다. 태국에서 중국과의 교류에 중심 역할을 담당하는 것은 방콕 샤톤 가에 있는 중화총상회이다. 35층 건물의 주인이자 80여 개 기업을 거느린 중견 재벌이기도 한 쩡밍루(정명여) 상공회 주석은 "중국 지도자들이 모두 나의 친구"라고 스스럼없이 말한다.

태국 내 화교기업들 가운데 북경 연줄이 강하기론 CP기업의 셰궈민[謝國民]을 빼놓을 수 없다. 반한 태국 총리가 경제인들을 이끌고 중국을 방문했을 때, 조어대 만찬장에서 중국 지도자들과 가장 허물없이 술잔을 주고받은 사람은 반한 총리가 아니라 바로 셰궈민이었다고 한다. 한 참석자는 "총리가 셰궈민를 데리고 온 게 아니라, 마치 셰궈민이 총리를 대동한 것 같았다"고 술회할 정도이다.

사실상 태국에서는 경제의 모든 분야에서 화교경제가 중요 지위와 역할을 담당하고 있다. 화교가 상업 및 제조업의 총자본 중 약 90%를 지배하고 있으며, 방적업의 약 60%, 철강업의 약 70%, 제당업의 약 60%, 운수업의 약 70%, 상업의 약 80%를 화교자본이 차지하고 있다. 태국에서 상위를 점하는 기업그룹 중 제1위인 왕실재산관리국 소유의 사이암시멘트를 제외한 나머지 그룹은 모두 화교기업이다.

인도네시아 : 경제의 80%를 장악

인도네시아의 화교는 자카르타 및 자바의 수라바야이나를

비롯한 인도네시아 군도의 모든 촌락과 도시에 살고 있다. 특히 수마트라 메단 시는 150만 명 중 30만 명이 화교이다. 인도네시아 화교는 방언으로 따져 토톡과 페라나칸으로 구분된다. 토톡은 중국어를 구사하고 중국 습관을 따른다. 또 인도네시아 외의 화교들과 지속적인 관계를 유지한다. 반면 페라나칸은 최소한 몇 세대에 걸쳐 인도네시아에 살아왔으며 중국인 혈통이 상당 부분 약해진 화교이다. 이들 중 많은 사람은 토착 인도네시아인과 결혼했고 중국어를 구사할 수 없다.

화교계 인구는 4%에 지나지 않지만, 경제 부문의 약 80%를 지배하고 있다. 인도네시아에서는 1993년 매상 순위 상위 20대 기업 중 대통령 가족이 소유한 8위와 18위 기업을 제외한 나머지 18개 기업이 모두 화교기업일 정도로 화교의 위력은 막강하다.

대표적인 화교기업인 사림그룹은 인도네시아 최대의 그룹이며 총수는 창립자인 린샤오량[林紹良]이다. 사림그룹은 농업, 금융업, 부동산업, 제조업, 임업 등의 광범위한 분야에서 사업을 전개하여 산하 기업의 총매출액이 인도네시아 GDP의 10%에 상당한다. 또한 아스트라그룹의 중추기업인 아스트라 인터내셔널은 1960년 말 경영난에 빠진 국영 트럭 조립공장을 구입한 것을 계기로 자동차산업에 참여했다. 그 후 일본기업과 합병, 자동차와 중기를 중심으로 한 인도네시아 최대기업이 되었다. 이밖에 1952년에 창설된 시날마스그룹은 식용유에서 출발하였고, 1970년대에는 제지업에 참가하여 현재 국가 전체 종이 생산의 30%, 수출의 50% 이상을 차지하고 있다. 또한 시날마스그룹은 은행, 부동산, 호텔 등의 사업에도 참가하고 있다. 이외에 릿포(금융)와 구단가람(담배), 봅핫산(목재), 다마라(금융·부동산) 등도 대표적인 화교기업들이다.

말레이시아 : '부미푸트라' 정책 하에서도 발전

말레이시아 화교는 영국 식민지 치하에서 말레이 반도로 이주해 온 중국인들의 후손이다. 말레이 반도로 온 중국인들은 이주 초기에 주석 광산의 일용 노동자로 일하면서 그들의 기반을 다져 나갔다. 말레이시아 내에서 화교의 지위는 정부의 대(對)중국 정책변화에 따라 크게 영향을 받아왔다.

말레이시아 화교들은 한때 당국으로부터 공산당 세력을 지원한다는 의혹을 받아 혹독한 탄압을 받았다. 그 후 말레이시아와 중국의 관계는 마하티르 총리의 중국방문(1985년)과 말레이시아인의 중국방문 여행규제 해제(1988년) 등으로 점차 개선되었다. 현재는 양국 간의 외교관계가 완전히 회복돼 상호 투자와 교역이 확대되었다. 이에 따라 말레이시아 화교 집단의 지위도 크게 향상되었다.

말레이시아는 총인구의 약 29%가 중국계 후손이며 이들이 상장 주식의 61%를 소유하고 있는 것으로 추정된다. 또 화교가 말레이시아 행정·경영 부문의 전문인력 중 60%를 차지하고 있다. 말레이시아 화교를 구분하는 가장 중요한 기준은 중국어로 교육

받았는지 혹은 영어로 교육을 받았는지의 여부이다. 중국어로 교육받은 화교는 비교적 사업 성공 속도가 늦었으나, 최근 중국에 대한 투자가 증가하면서 크게 각광을 받고 있다.

동서고금을 막론하고 혈연만큼 강한 단결력은 없다. 말레이반도 북부 페낭 시에는 구씨, 임씨, 담씨 등 거대한 성씨협회(KONGSI)가 존재한다. 그러나 이 같은 동향협회나 성씨조합과는 별도로 성공한 화교 기업인들을 묶는 조직이 또 있다. 업종별 조합과 지역별 상공회의소가 그것인데, 최종적으로는 '말레이시아 중화상공연합회'가 이들을 총괄하게 된다. 즉, 한 사람에게 성씨-지역-업종이라는 3중의 연결고리가 이어져 있는 것이다.

말레이시아 화교의 단결력은 역설적이게도 다수 인종인 말레이계의 보이지 않는 견제와 정부의 '부미푸트라' 정책으로 더욱 강화됐다. 1971년부터 신경제정책으로 말레이계의 경제력이 늘어나긴 했지만, 아직도 화교들이 말레이시아 전체 부의 40% 이상을 장악, 경제를 좌우하고 있다.

곽그룹은 대표적인 화교기업으로 궈허녠[郭鶴年]이 총수이며 사탕, 제분, 화학, 시멘트, 해운, 금융, 부동산, 호텔 등 다양한 분야를 포괄하는 복합기업이다. 사탕과 호텔이 중심 업종이며, 사탕은 세계 거래량의 10%, 국내 거래량의 80%를 차지하고 있다. 이 기업에 의해 경영되고 있는 샹그릴라 호텔 체인이 유명한데, 전세계에 모두 29개의 호텔을 소유하고 있다. 그 중 나라별로는 중국이 7개로 가장 많다. 곽그룹은 1970년대 말부터 본사를 홍콩으로 이전했지만 여전히 말레이시아에서 사업을 벌이고 있다. 홍콩, 싱가포르, 중국 등지에서 사업을 전개하고 있는 기업 수는 약 100여 개로 추계된다.

또한 화교계 정당인 여당연합에 참가하고 있는 MCA가 화교기업과 개인으로부터 자금을 모아 1975년에 설립한 MPHB는 부동산, 농장, 해운, 금융 등에 진출하였고, 1980년대 초반 말레이시아 최대의 화교기업이 되었다. 당시 이 그룹의 직·간접 화교주주는 11만 명 이상이었다. 이외에 복합기업인 혼리욘 말레이시아, 말레이시아 유인온 인더스트리(제조업, 금융) 등이 대표적인 화교기업이다.

싱가포르 : 3차 산업에 강점

싱가포르의 화교는 싱가포르 전체 인구의 약 77%를 차지하고 있으며 상장기업의 약 81%를 장악하고 있는 것으로 추정된다. 싱가포르 화교 중에는 푸젠성 출신이 40% 이상을, 광둥성 출신이 40% 내외를 점하고 있다. 사용 언어를 살펴보면, 싱가포르 화교의 약 20%가 제1언어로 영어를 사용한다. 이들 중에는 정치 관료 및 전문 분야의 엘리트들이 많다. 이들 외에도 65%가 영어를 적절히 구사하지만 보통어나 기타 중국 방언을 더 많이 사용한다. 나머지 15%는 영어를 전혀 구사하지 못하거나 거의 못한다.

싱가포르 화교의 특성은 화교의 전통을 낡고 불필요한 것으로 여긴다는 점이다. 따라서 싱가포르 화교들은 영국인에 의해 남겨진 제도적 잔재 위에 국가 건설을 시작했고, 영국식 행정제도를 도입했으며, 전통적인 중국식 제도를 서구식으로 대체하는 일련의 작업을 계속하고 있다.

싱가포르는 중국과 세계 화상을 하나로 묶는 포스트로 부상하고 있다. 1991년 리콴유 전 수상의 발의로 이곳에서 제1회 세계화상대회가 막을 열면서 이미 신호탄이 오른 셈이다. 이제 중국-싱가포르-제3국의 3개 지점을 연결하는 네트워크는 싱가포르 중화총상회를 중심으로 활발하게 움직이고 있다. 화상들이 싱가포르 국내 상장사의 81%를 장악하고 있음을 감안할 때, 산하 2만여 화상기업을 거느린 중화총상회는 사실상 싱가포르 경제의 견인차이기도 하다.

1995년 12월에는 싱가포르가 전세계 화상의 본부임을 상징하는 또 다른 기구가 탄생했다. 인터넷상에 싱가포르 세계 화상 네트워크가 첫 서비스에 들어간 것이다. 세계 화상과 관련된 모든 정보가 이 네트워크에 쉼 없이 입력되고 있다. 인터넷 주소 'http://www.cbn.com.sg'를 찾아 들어가면 밴쿠버 번화가의 중국 음식점 중 어느 집 자장면이 유명한지도 알 수 있다.

미래학자 존 나이스비트는 "1995년부터 아시아 각국 간의 무역총액이 처음으로 아시아와 비아시아 지역 간의 무역액을 넘어섰다"며 아시아 시대의 개막을 선언했다. 그가 말하는 아시아 시대는 중화권의 시대이며 싱가포르 화상 집단은 거대 중화권을 연결하는 강력한 핵으로 떠오르고 있다.

싱가포르의 화교경제는 (현재 일부 화교기업들이 제조업에 진출하고 있긴 하지만) 전통적으로 유통, 금융 분야에 강세를 보인다. (반면 싱가포르의 제조업은 외자 및 정부계 기업에 의해 발전해 왔다.) 이중 OCBC(Overseas Chinese Bank Corporation, 화교은행)는 1933년 설립된 푸젠인계의 전통적 은행으로서 현재 싱가포르 최대의 민간 은행이다. 이 은행은 화교기업 중에서도 가장 빨리 경영과 소유를 분리시켰다. UOB(United Overseas Bank, 대화은행)는 싱가포르 2위의 민간 은행으로서 은행 업무에 관해 한 수 위인 OCBC와 선두 경쟁을 할 정도의 능력을 갖고 있으며, 중심 사업인 금융 부문에서 라이벌이기도 한 화교계 은행 네 곳을 차례로 매수하여 급속히 성장한 결과 증권, 보험업에서도 지위를 굳히고 있다. 이외에도 부동산계 대기업인 판이스트, 3위 은행인 OUB(Overseas Union Bank, 화연은행), 백화점 경영의 메트로 등도 화교계의 유력한 그룹들이다.

필리핀 : 명문 패밀리와 신흥 재벌

19세기까지 필리핀의 화교는 1만 명 정도였으나 미국 통치하에서는 10만 명으로 급증했고 1940년대에는 20만 명에 달했다. 필리핀 내 화교의 90%는 푸젠성 출신이다. 화교들은 강력한 공동체와 친족협회를 구성하고 있으며, 주로 도시 지역에 집중돼 있다. 필리핀 화교는 그들에 대한 현지 주민의 반감이 남아 있음에도 불구하고 현지 사회에 잘 융화하고 현지 풍

습도 잘 받아들이는 편이다. 필리핀 화교는 정치에 뛰어들지도 않는다. 정치에 잘못 발을 들여놨다가 비화교계의 탄압을 받을지도 모를 우려 때문이다. 이들은 선거 때에도 여러 후보를 동시에 지원할 정도이다.

필리핀에서 화교는 인구의 약 1%에 불과하지만 국가경제 전체를 지배할 정도로 거대한 경제력을 보유하고 있다. 화교계 대기업 중에는 예전부터 필리핀에서 사업의 기반을 쌓아온 명문 패밀리가 있지만 최근 급속하게 약진한 신흥 재벌도 있다. 전자는 농장 경영에서 출발하여 금융, 보험, 해운 등 다양한 분야에 참여하고 있는 코파콘 일족으로 대표된다. 후자는 아키노 정권 하에서 부동산 개발, 호텔 건설 등의 사업으로 급속히 성장한 탄유 고콩웨이 등의 재벌로 대표된다.

루시오탄그룹은 필리핀 최대의 화교계 그룹이다. 지주회사인 쉐어홀딩을 중심으로 포춘타바코, 아시아 부루와리, 아리이드은행(연맹은행) 등 백여 개사를 소유하고 있다. 아시아월드그룹은 마르코스 정권기 대만에서 금융, 부동산에 투자하여 성공하였고, 또한 아키노 정권 시기에 필리핀에 대한 대규모 투자를 시작하였다. 부동산이 사업의 주 종목이며, 호텔에도 상당한 투자를 하고 있다. 최근 대만기업 및 필리핀 정부와 공동으로, 미군 기지였던 수빅 만 재개발에 힘을 쏟고 있다.

또한 말레이시아, 홍콩의 화교계 재벌도 필리핀에서 부동산 개발, 기업매수 등의 적극적인 투자를 하고 있다. 말레이시아와 홍콩에서 활약하고 있는 곽그룹이나 홍콩에 기반을 둔 퍼스트 퍼시픽그룹 등은 좋은 예이다.

홍콩 : 전세계 화교의 메카

중국계가 전체 인구의 97%를 차지하고 있는 홍콩은 전세계 화교의 메카이다. 말레이시아나 인도네시아와는 달리, '동양의 유대인' 또는 '국적 편의주의자'라는 토착민의 비판이 없는 안전지대이다. 게다가 아시아 경제발전의 기관차인 중국이 바로 옆에 있다. 광둥, 푸젠, 저장성[浙江省] 출신인 홍콩의 화교 1세대들은 연간 10%를 넘는 중국의 초고속 성장에 편승, 홍콩판 아메리칸 드림을 일궈냈다. 중국의 개방 선언 당시 14억 달러에 불과했던 중국-홍콩 간 무역은 16년 후인 1994년 78배인 1천1백억 달러로 늘어났으며, 그 후 지속적으로 증가하고 있다.

미국의 한 회계법인 대표인 크로포드는 "홍콩이 중국의 노동력과 서방자본의 중개지라는 게 이들의 행운"이라고 설명한다. 이들의 재산 축적은 위기를 기회로 이용하면서 더욱 가속화됐다. 예를 들어 1950년대 한국전쟁과 서방의 대(對)중 금수 기간 중 홍콩을 제조업 기지로 바꾸었고, 1978년 중국의 심천 등 경제특구 개방을 초고속 성장의 발판으로 삼았다.

1990년대에 들어서 홍콩의 화교들은 외국기업 사냥에 분주하다. 리자청[李嘉誠, 홍콩명 리카싱]의 허치슨 왐포아는 영국 최대의 컨테이너 터미널 회사인 펠릭스토우와 캐나다의 허스

키 오일의 대주주가 됐고, 홍콩은행은 영국 미들랜드 은행을 합병했다. 이들은 알부자로도 유명하다. 얼마 안 가서 이들의 재산은 세계 최고의 부자인 부르나이 국왕을 능가할 것으로 예상된다.

동남아 화교들도 홍콩에 편승해 왔다. 말레이시아의 궈허녠은 홍콩을 발판으로 중국에 샹그릴라 호텔 체인을 구축했고, 홍콩의 권위지인 「사우스 차이나 모닝 포스트」지도 인수했다. 인도네시아의 린샤오량은 퍼스트 퍼시픽을, 태국의 셰궈민은 CP 홍콩법인을 통해 중국 비즈니스의 금융 업무를 지원중이다. 이렇듯 홍콩은 앞으로도 여러 면에서 동남아 화교기업의 교과서가 될 것으로 전망된다.

홍콩은 기본적으로 화교 사회이다. 이전부터 홍콩에서 활약해 온 영국계 기업과 일본, 유럽, 미국의 외자계 기업 및 중국 정부가 소유한 기업 이외의 모든 기업은 화교계 그룹이며 재벌의 영향력은 특히 강하다. 리자청이 창업한 창장[長江]그룹에는 창장실업, 허치슨 왐포아, 홍콩 일렉트릭 등 3개의 상장기업이 중핵으로 구성되어 있다. 이 3대 기업의 주식시가 총액만도 전체 상장기업의 10%를 차지하며, 수많은 비상장기업을 거느리고 있다. 업종은 부동산을 필두로 무역, 투자, 전력, 소매, 컨테이너 터미널, 시멘트, 통신, 호텔 등 매우 다양하다.

북미와 호주의 화교

미국·캐나다

북미 화교는 1960년대까지는 어느 정도 고정된 이미지를 갖고 있었다. 노동자라는 이미지가 그것이다. 대부분이 광둥성에서 온 농민 출신이거나 그 자녀들이었던 화교들은, 캘리포니아나 캐나다 서부 지역에서 노동자로 일했다. 그러다가 점차 차이나타운이라는 제한된 구역에서 세탁업 등의 한정된 직업에 종사하면서 친족, 동족, 동업을 매개로 유대관계를 강화했다.

그러나 북미 화교의 현재 상황은 이러한 이미지와는 크게 다르다. 북미의 화교 인구는 1961년의 6만 명에서 현재는 200

여 만 명으로 지난 30년 동안 30배 이상 증가했다. 현재 화교의 대부분은 인종 차별 시대를 알지 못하는 전후세대이다.

1970년 이후의 신(新)이민은 다양한 배경을 지닌 사람들에 의해 이루어졌다. 중국의 이민자 유화 정책에 의해 본토에서 유입된 농민, 도시 노동자 출신, 유학생, 홍콩 출신 이민, 대만계 투자사업가, 동남아와 남미로부터 재이민해 온 화교가 그들이다. 학력이 높은 이공계의 연구원 기술자들도 상당수 있으며, 중국계 노벨상 수상자 중 1994년에 대만으로 이주한 한 명을 제외하고 전원이 미국에 살고 있다. 미국 내 유력 대학 학장의 세 명 중 한 명이 중국계일 정도로 화교의 성장 및 발전은 주목할 만하다. 북미 지역의 화교들은 교육 수준, 자산, 언어, 문화 적응력 등 모든 면에서 서로 상이하며, 이민 동기도 단순한 경제적 기회의 추구에 머물지 않는다. 정치적 자유나 안전한 사회적, 경제적 환경, 고국의 장래에 대한 막연한 불안, 적극적인 자기실현 등이 그들의 관심사이다.

화교 사회의 문제점도 속출하고 있다. 그중 하나는 내부적인 분할이 확대되고 있다는 점이다. 홍콩-대만계와 대륙계 간에 가장 명료하게 나타나는 것처럼, 화교 사회는 신이민자들 간에 현저한 신분 격차 및 적응능력의 차이를 보이고 있다. 때문에 점차 민족적 유대관계보다는 자본가와 노동자로서의 관계만이 확산되고 있는 추세이다. 북미 화교 사회의 또 다른 문제는 소수민족에 대한 차별과 편견이 여전히 존재하고 있다는 사실이다. 화교는 종종 모범적인 소수민족으로 불릴 만큼 사회적 신분이 빠르

게 상승하고 있다. 그래서 과거와 같은 노골적인 차별은 없어졌
다 할지라도, 미묘한 형태의 차별과 편견은 여전히 남아 있다.

호주

호주 정부의 화교 이주자에 대한 태도는 역사적으로 많은
변화를 보이고 있다. 중국인이 귀중한 노동력으로 여겨져 자
본가들로부터 환영받았던 19세기 전반의 백호주의 시대에서
화교의 뿌리가 시작된다. 백호주의 시대에 화교들은 저임금
노동자로서 백인 노동자들로부터 멸시받고 끝내는 배척당했
다. 1960년대 이후에 백호주의가 철폐되면서, 화교들은 이제
기업가 및 전문기술자로서 연방 주 및 기업에 의해 환영받는
시대를 살아가고 있다.

최근에는 중국 학생들의 호주 유입이 크게 늘고 있다. 1970
년대 중반 호주의 이민제한 제도가 철폐되자 동남아로부터 화
교 유학생 및 이주자가 급증하고 있다. 미국, 캐나다와 함께
화교의 인기 있는 이민 대상국이 바로 호주이다. 중국 본토 출
신의 호주 유학생은 1980년대 후반부터 급속히 늘어나기 시
작해 1989년 6월 천안문 사태 때까지 계속되었다.

화교가 호주로 몰리는 이유로는 첫째, 호주는 선진국이고
높은 수준의 직업자격 전문기술을 취득할 수 있어 보다 나은
취업 기회가 주어진다는 점을 들 수 있다. 둘째, 지리적으로
가깝기 때문에 비용이 저렴하고 출신 지역과의 왕래도 간편하

다는 이유를 들 수 있다. 셋째, 호주 정부가 1970년대 후반부터 비차별적인 이민제도를 실시하고 이민, 난민을 적극 수용하는 등 아시아 지역과의 협조를 강화하고 유학생을 적극 수용하고 있기 때문이다. 이런데도 화교들은 여전히 호주보다 미국이나 캐나다를 선호한다. 호주의 경제력이 미국에 비교될 수 없을 뿐만 아니라 캐나다는 미국에 인접해 있기 때문이다. 극단적인 사례이기는 하지만 중국 마피아가 시드니에 진출하려 했다가 도시 규모가 작고 호주 경제가 정체돼 있다는 이유로 단념했다는 얘기도 있다.

다른 나라에서와 마찬가지로 호주의 화교들도 구중국인(1950년 이전)과 신중국인(최근 유학생)으로 나누어진다. 구중국인은 레스토랑, 세탁소 등의 특정 직종에 종사하며 외부 사회와의 접촉을 피하고 인종 차별의 풍토 속에서 묵묵히 살아가고 있다. 반면 신중국인은 호주 사회에 적극 참여하는 동시에 전문기술직, 경영관리직 등 전문 직종에 종사하며, 차이나타운을 떠나 교외에 거주하고 있다. 이들은 화교 공동체 활동에도 적극 참여하고 있으며, 정부의 도움이 필요할 땐 수시로 요구하고 있다. 특히, 아직까지도 남아 있는 인종 차별에 대한 반대운동을 전개하면서 다문화주의 정책을 적극 지지한다.

기타 지역

구소련과 동구 지역에도 상당수의 화교가 살고 있는 것으로 추산된다. 이들 화교는 보따리장수, 개인사업가, 밀항자 등으로 이루어져 있다. 개인사업을 하는 화교는 동구에서 새로운 비즈니스를 추구하고 있고, 밀항자는 미국을 비롯한 서구 제국으로 가기 위한 중간 단계로 동구를 선호한다. 중앙아시아에서도 중국인의 숫자는 증가하고 있다. 현재 중국의 개방 정책 추진과 러시아의 변화 등으로 많은 중국인들이 중앙러시아로 이동하고 있고, 이중 일부는 화교로 정착하는 추세이다. 중앙아시아 화교는 주로 카자흐스탄, 키르키스탄, 우즈베키스탄 등 3개국에 집중돼 있으며, 이들 3개국에 거주하는 화교는 약 15만 명에 달한다.

오스트리아도 화교들이 몰리는 국가로 알려져 있다. 화교는 이 나라를 경유해 서구로 이주를 추진하는 경우가 많다. 오스트리아 중국인총회는 유럽 전역의 화교 사회를 대표할 만큼 중요한 위치를 차지하고 있다.

화교는 중남미에도 있다. 제2차세계대전, 중국혁명 시에 상해를 비롯한 중국 각지에서 상인, 지식인들이 전란을 피해 중남미로 이동해 왔다. 최근 남미 국가들이 홍콩, 대만 등의 대규모 자본을 겨냥해 이민우대 정책을 실시한 것도 화교의 유입을 촉진하는 계기가 됐다. 남미국가들은 일정액 이상의 자본을 가진 중국인의 이민을 크게 환영하고 있다. 파라과이, 브라질 등의 화교 대다수는 기회가 오면 미국이나 캐나다로 재이주하는 것을 최종 목표로 삼고 있다.

한국의 화교

　최근 한국에 거주하고 있는 화교가 우리의 관심을 끌게 된 것은 무엇보다도 경제적 자원으로서의 한국 화교의 가치에 대한 인식이 높아졌기 때문이다. IMF 위기의 돌파구로서 해외자본 유치의 필요성이 절박하게 대두되면서 동남아 지역의 유동적인 화교자본에 대한 국내의 관심이 높아졌고, 그와 함께 해외 화교들과의 연결고리 역할을 담당할 수 있는 국내 화교의 존재가 부각되기 시작했다.

　다른 한편으로는 세계화 시대를 맞이해 외국인 정책을 재검토하려는 한국 정부의 시도와 맞물리면서, 국내 화교의 문제가 자연스레 관심사로 등장하기 시작했다. 특히 국내 화교의 법적 지위 문제가 세계화의 흐름에 맞지 않는 구시대적 유산의 하나로 지적되면서 한국 화교에 대한 관심은 날로 증가하는 추세이다.

100년 역사의 한국 화교

화교들이 한국에 거주한 역사는 근 100년 정도이다. 『상서대전 尙書大典』과 『한서 漢書』 「지리지 地理志」에 따르면 중국인들이 한국에 건너가 살게 된 역사는 고대 은나라, 주나라부터이다. 그러나 한국의 화교 사회가 정식으로 형성된 것은 19세기인 1882년부터이다. 현재 정확한 기록이 남아 있지 않기 때문에 단언할 수는 없으나, 1882년 임오군란이 발발했을 때 화교가 한국으로 이주해 왔다는 사실이 기재되어 있으며, 모든 단체활동도 이때부터 시작된 것으로 보인다.

고종 19년(1882년) 6월, 청조는 조선을 돕기 위해 3,000여 명의 병력을 파견하였다. 청조 군대는 세 척의 군함과 두 척의 상선으로 나누어 산둥성[山東省] 옌타이[煙臺]에서 출발하여 한 달 후 서울에 도착했다. 당시 청군과 함께 한국에 온 화상 수는 약 40여 명이었으며, 이들이 한국 화교의 시작이라 할 수 있다.

이들은 본래 한국에 머물러 있는 청군을 도와주려고 온 것이었는데, 청군이 한국에 오래 머물게 됨에 따라 점차 한국인과 교역을 하게 되었다. 2-3년 동안에 이들의 상업활동은 청조의 보호정책으로 매우 순조롭게 발전하였으며, 후대 화상들이 상업활동을 벌이는 데 공고한 기반을 다져주었다. 1882년 이후에는 일본의 항구 도시에서 거주하고 있었던 일부 화교들도 일본인들을 따라 조선에 건너와 부산에 정착하기도 했다. 1884년 한국의 대도시에 있는 화교의 숫자는 크게 늘어 서울의 화교 수는 전국에서 가장 많은, 약 350명 정도로 거의 4배 가까이 늘었다. 인천도 235명으로 늘었는데 그 이유는 산둥 [山東] 반도와 인천항 사이에 정기적으로 배가 운행하고 있었기 때문이었다. 범선과 여객선의 운행으로 화교들의 왕래가 더욱 빈번해져서 서울과 인천의 화교 수가 크게 늘어났던 것이다. 초기 화교들은 중국 정부의 정책적 도움으로 인해, 일본인을 제외하면 조선에 가장 많이 거주한 외국인이었다.

당시 화교들이 정착하는 데는 오늘날처럼 거주 허가증이나 각종 증명 서류 같은 번거로운 수속들이 필요하지 않았다. 그래서 많은 화교들이 서울과 인천을 근거지로 정착해서 직물 수입, 수입 잡화, 옷감, 피혁, 조선 토산품의 수출, 정기 여객선을 이용한 행상 등 여러 가지 사업을 할 수 있었다.

1920년대의 10년 동안 화교의 경제력은 막강했다. 특히 1927년 전후에는 화교의 경제활동이 가장 두드러졌던 시기라 할 수 있다. 서울, 인천에 분포해 있던 화교 무역 상인들은 주로 비단, 옷감, 면화, 고추, 마늘 등 각종 토산품을 중국에서 대량으로 수입한 후 다시 한국의 전역에 판매했다. 1923년 조선총독부의 통계에 따르면 서울, 인천 양 지역에 거주하고 있는 화교의 수는 약 6천 명 정도였으며, 이들이 40년간 중국으로 보낸 액수는 1천만 엔에 달했다고 한다. 1920년대 화상이 경영하는 상점들은 대체로 잡화점, 비단 가게, 양장점, 이발소 등이었으며, 후반기에는 요식업이 늘기 시작했다.

해방 후 정치적 혼란으로 한국의 경제가 제대로 정비되지 못하였을 때, 화상은 일제 시대에 형성되어 있던 무역망을 이용하여 크게 일어섰다. 1946년에는 전체 무역 수입 총액의 82%를, 1948년에는 52.5%를 차지할 정도였다. 그러나 화교 사회의 이 같은 경제호황은 1948년 한국 정부가 수립되면서 막을 내렸다. 그 후 화교 사회는 한국 정부의 각종 제도적 제한과 차별 대우 아래 위축되어 갔으며, 이에 따라 타 지역으로의 이동이 본격화되었다.

차별과 배제 속의 한국 화교

1948년 수립된 한국 정부가 외국인의 입국을 허용하지 않음으로써 화교의 한국 유입은 종식되었다. 또한 1949년 중국 정부가 성립되면서 이주억제책으로 외국 이동을 금지하여, 일 년에 한 번 있던 한국 화교의 고향 방문도 끊어지게 되었다. 이에 따라 화교무역의 배경이었던 중국과의 교역도 불가능해졌고, 화교들은 한국에 정착하지 않을 수 없게 되었다.

한국전쟁 발발 직전부터 한국 화교는 사회경제적 난관을 겪었다. 자유당 정부가 6.25 직전 전국에 내린 창고 봉쇄령으로 화교무역상은 일단 큰 타격을 입었다. 이어 내려진 외국인

43

에 대한 외화사용 규제책은 화교의 무역업에 족쇄를 채운 격이었다. 이로부터 화상들은 한국기업과의 경쟁을 감당하지 못하고 점차 도태되어 갔다. 한국 화교의 경제활동이 암흑기로 접어드는 시기였던 것이다.

자유당 정권과 박정희 정권 아래에서 화교들은 큰 어려움을 겪었다. 두 번의 통화개혁이 그것이다. 화교들이 현금 소지를 선호하는 사실은 잘 알려져 있다. 그런데 두 번의 통화개혁을 통하여 화교들의 현금이 하루아침에 휴지조각으로 변하고 말았던 것이다. 그러나 정작 화교의 생존이 직접적으로 위협받았던 것은 박정희 정권 하에서였다. 1961년 외국인 토지 소유 금지법의 시행에 따라 토지를 소유한 외국인은 정부의 승인을 받아야 했다. 그러나 많은 화교들은 그 승인을 얻지 못했고, 그들의 토지를 시세에도 못 미치는 가격으로 매도해야 했다.

1970년에는 외국인 토지 취득 및 관리에 관한 법이 제정되었다. 이에 따라 한국 화교는 1가구에 1주택 1점포만 허용되었고, 그것도 주택면적은 200평 이하, 점포는 50평 이하로 제한되었다. 또한 취득한 토지의 건물은 자신만이 사용 가능했고 타인에게 임대할 수 없었다. 논밭이나 임야의 취득도 불가능하였다.

한국 화교는 요식업에서도 여러 제한과 차별 대우를 겪어야 했다. 이승만 정권 때에는 화교들의 대표적인 직업인 중국 음식점에 대하여 불리한 세율을 적용하고 음식값을 통제하는 등의 많은 어려움이 있었다. 그리하여 한때 4천여 개에 이르렀던 중국음식점이 현재 대략 1천여 개 업소로 감소해 있다. 이러한 차별과 제한 및 횡포를 견디지 못한 화교 요식업자들이 대거 미국으로 건너가 음식점을 차렸으며, 그 수가 2천여 개나 되었다.

중국과 가장 가까운 곳에 있으면서도 유독 차이나타운이 존재하지 않는 나라가 바로 한국이다. 최근 한국을 방문하는 중국인 관광객들의 수가 부쩍 늘어남에 따라 이들을 대상으로 상업활동을 벌이기 위해 인천과 부산 등에 자연스럽게 차이나타운이 형성되고 있다고는 하지만, 중국인 이주 100년의 역사가 지난 지금까지 차이나타운이 건설되어 있지 않다는 것이 의미하는 바는 실로 크다.

이 같은 어려운 상황으로 한국 화교의 인구는 점차 감소해 갔다. 이들은 1970년대 초부터 미국을 비롯하여 호주, 대만 등지로 이주하였다. 1960년대 말까지 4만 명을 헤아렸던 화교들 가운데 2만 명 이상이 외국으로 이주하였으며, 미국의 캘리포니아 주 지역에만 현재 8천여 명의 한국 화교 출신자들이 거주하고 있다. 법무부의 통계에 따르면 1980년대에서 1990년대 말까지도 이민은 꾸준히 이어져 매년 한국 화교의 약 2-4% 정도가 해외로 이주하였으며, 이 기간 동안 약 6천여 명의 한국 화교가 한국을 빠져나갔다고 한다.

그러나 1998년 이른바 IMF 금융위기 하에 외국인에 대한 규제가 대폭적으로 완화되어, 외국인 부동산 소유 한도가 철폐되는 등 외국인에 대한 여건이 호전되면서 한국 화교의 수

45

는 2만 명 선에서 안정화 추세를 보이고 있다. 뿐만 아니라 앞으로 중국의 급속한 성장 및 한중 교류의 폭발적인 증가에 따라, 한국 내 화교는 점차적으로 증가할 것이며, 한국에서 태어나고 자란 화교 2·3세대로 이루어진 기존 화교 그리고 한국으로 건너오는 신이민 화교층이 형성될 것이라는 예측이 설득력을 더해가고 있다.

결속력 강한 한국 화교

오늘날 한국 화교는 서울에 가장 많이 거주하고 있다. 정착 초기에는 인천이 서울보다 화교의 숫자가 많았지만, 이후 줄곧 서울에 화교 인구가 집중되어 왔다. 이는 물론 한국의 정치, 경제가 서울을 중심으로 이루어졌고, 동시에 화교 사회에 상업 등 도시적인 직업에 종사하는 자가 많았기 때문이다.

한국 화교 사회의 결속을 그런대로 유지시키는 기관은 화교학교이다. 1902년 화교학교가 인천에서 최초로 설립된 이래 1998년 현재 28개 초등학교, 4개 중·고등학교에 모두 3천여 명이 재학중이다. 학교의 선후배 관계를 통해 화교 사회는 인적 결속력을 유지하고 있을 뿐 아니라, 학교의 교과 과정을 통해 전통에 대한 학습을 계속하고 있다.

한국 화교는 세계 화교 역사에서 매우 독특한 집단을 이룬다. 이들은 95% 이상이 산둥 반도 출신이고, 세계 어디에서 거주하든지 간에 그들만의 독특한 언어를 사용하고 있다. 또한 이들 중 90% 이상이 한국에 있는 화교학교 출신이라서 문화적 동질성이 매우 강하고, 거듭된 통혼으로 혈연적 유대까지도 매우 강하다. 최근에는 전체 화교의 절반 이상이 한국인 어머니를 두고 있을 정도로 급속히 한국화가 되어 가고 있는 중이다.

이들은 한국의 영향을 받아 교육열이 대단히 높은 편이며 90% 이상이 대졸 출신이고 언어 구사능력이 뛰어나다(이들 대부분이 2-3개 국어를 구사한다). 또, 오랜 한국 생활로 인해 성격이 비교적 급한 편이고 음식도 한국인과 비슷하게 매우 맵게 먹는다.

주목받는 한화 네트워크

앞에서 언급한 바와 같이 한국 정부의 화교 차별 정책으로 1970년대부터 1980년대까지 많은 한국 화교가 미국, 대만, 일본, 유럽 등지로 떠났다. 그러나 역설적이게도 세월이 흘러 이들은 한국에게 또 하나의 화교 네트워크를 제공한다. 원국동 한국화교경제협회 회장의 주장대로 전세계에 화교 없는 나라가 없듯이, 이제 한국 화교가 없는 나라가 없을 정도로 새로운 한화(韓華) 네트워크가 형성된 것이다. 한국산 온라인게임, TV 드라마, 영화, 인터넷 통신 제품 등이 이들의 손에 의해 전세계에 수출되어 한국 경제에 적지 않은 이바지를 했다. 최근에는 한국 화교 출신 정치가 샤르샹[沙日香], 전 미국 캘리포니아 주 풀러턴 시 시장]이 신의주 특구 행정장관에 거론될 정도로 전세계에서 많은 한국 화교가 정치뿐 아니라 금융 및 바이오, 인터넷, 통신 등의 하이테크 분야에서도 폭넓게 활약하고 있다.

오랫동안 잊혀져 왔던 한국 화교가 세계 화상 네트워크에 알려지게 된 것은 최근의 일이다. 지난 1999년 한국화교경제인협회가 한국 대표로 제5차 호주 멜버른 세계화상대회에 참가했다. 이를 계기로 한국 화교가 세계 화상 무대에 공식 데뷔하게 된 것이다. 한국화교경제인협회는 영국, 마카오, 대만 그리고 가장 강력한 라이벌인 일본을 차례로 물리치고 2005년 제8차 세계화상대회를 서울에서 유치하는 데 성공했다. 이로써 화상 네트워크와 화교자본의 황무지라 할 한국은 일거에 5,000여 명(예상)에 달하는 화교 기업인들의 방문을 받게 되며, 세계화상대회를 8번째로 개최하는 국가로서 세계화상 네트워크의 확고한 기반을 구축하게 되는 것이다.

화교의 사업 전략

화교의 성공 요인

　화교들은 전세계에서 놀라울 정도로 사업에 성공하고 있다. 특히 동남아 지역에서는 화교들이 전체 상권을 지배하고 있다고 해도 과언이 아니다. 사실상 화교는 동남아 인구의 10%에도 못 미치지만 역내 무역의 2/3를 차지하고 있으며, 동남아 거부(巨富)의 86%가 화교일 정도로 자본의 대부분을 장악하고 있다.

　화교 사업가들의 성공 요인으로는 하나의 요인만이 주로 거론되고 있으나 실제로는 다양한 여러 요인들이 복합적으로, 때와 장소에 따라 그 중요도를 달리하면서 작용하고 있다.

화교들은 자신들의 성공 비결로 힘든 일을 기꺼이 하고, 좋은 대인관계를 유지하며, 사업 비용을 절약하는 능력 등을 꼽고 있다. 그 외에도 미래의 부를 위해 필요한 고등 교육을 받을 수 있는 재력, 정직성, 사업 감각, 단기 이익보다는 장기적 관점의 투자 선호, 불안한 사업에 대한 직감, 타고난 근면성 등이 있다.

이러한 특성과 함께 화교들은 그들만이 보유하고 있는 사회적, 상업적 구조를 공적 제도가 미비한 지역에 쉽게 이식, 적용할 수 있었기에 성공할 수 있었다. 그들은 여러 시장 간의 상호 보완을 도모하면서 새로운 정보와 생산 기술을 교환, 도입함으로써 투자한 국가의 경제개발에 공헌해 왔다. 또한 그들은 경쟁자가 거의 없는 새로운 시장을 개척함으로써 높은 이익을 얻고, 자본 축적 및 사업 확대를 이룰 수 있었다. 이러한 요인을 보다 구체적으로 살펴보면 다음과 같다.

이주지에서의 적응력 강화

만약 한 사회의 문화가 그 사회의 생존과 번영을 지속적으로 유지하기를 원한다면 다른 사회의 문화 및 관습에 대해서도 개방적이어야 하는데, 화교들은 일반적으로 개방적이다. 화교는 현지인들과 심각한 마찰을 초래할 수도 있는 그들의 문화를 강조하지 않을 뿐만 아니라, 현지인들의 우수한 문화를 수용하는 등 융통성 있게 적응해 왔다. 이러한 융통성을 기반으로 현지인들과 마찰을 피하면서 다른 한편으로는 자신들의 문화를 간직하고 계승하는 데 익숙하다.

새로운 환경에 대한 적응은 일방적으로 진행되는 문화 현상이 아니다. 더구나 현지인들에 의해 화교들의 역할이 납득되고 호의적 수용이 이루어진다는 점에서 볼 때, 화교와 현지인들과의 성공적인 관계 형성은 경제 네트워크뿐만 아니라 경제를 초월한 쌍방향적인 문화 일반의 현상으로 볼 수 있다.

민간 사회 조직의 공적 기능 활성화

화교들은 자신들의 사회적, 지역적 조직구조를 새로운 사회에 이식, 적용함으로써 새로운 환경에 대처할 수 있는 능력을 지니고 있다. 화교들은 제도 및 법규가 상대적으로 미비되어 있는 국가에서 사업에 성공하였으며, 이러한 특성이 때로는 토착민들보다 유리한 장점으로 나타난다.

'무질서로부터의 질서'를 지키려는 특성은 화교가 새로이 이주해 올 때 잘 나타난다. 그들은 이민자들에게 의식주를 제공하기 위한 상조회, 사업 활동을 지원하기 위한 상공회의소, 특정 직업을 갖고 있는 사람들 간의 직업조합, 자선사업 및 학교와 병원을 운영하기 위한 복지위원회, 화교들 간의 소규모 자금지원을 위한 지역 모임, 문중 모임 등을 결성하고 추진하는 데 적극적으로 참여하고 있다.

이러한 조직들은 정부의 손길이 미치지 못하는 지역에서 국가 지원 기구들과 함께 꾸준히 활동해 왔다. 제도적, 법률적 장치가 발달되지 못한 국가에서는 이런 조직들이 오늘날에도 여전히 중요한 역할을 담당하고 있다.

신용제도

대부분의 아시아 국가들에서의 사업은 제도적 장치가 발달되어 있지 못하거나 비효율적으로 운영되고 있는 지역에서 추진되고 있는데, 그로 인해 기업활동 비용, 즉 유통 비용이 상대적으로 높아지게 된다. 따라서 유통 비용을 상대적으로 낮출 수 있는 구조를 갖고 있는 사업 조직이 성공을 거둘 확률이 높다. 성공한 화교 사업가들은 모두 유통 비용을 최소화시킨다는 공통점을 지니고 있다.

사업 파트너로 화교들을 선호하고 있다는 점에서 알 수 있듯이, 대부분의 화교들은 문화적 동일성과 동일 언어를 갖고 있을 뿐만 아니라 정부나 외부 기관의 도움 없이도 계약 의무를 감시할 수 있는 그들만의 사회제도를 갖추고 있다.

화교 구성원으로서의 공동체 인식은 구성원들 간의 신뢰감을 높여준다. 이러한 신뢰감이 구체화된 것이 화교 사회의 집행제도(enforcement mechanism)인데, 화교들 간에는 개인의 말한마디가 곧 신용이어서 자신의 약속을 지키지 못할 경우, 그 사실이 순식간에 화교 사회에 퍼져 앞으로 그는 사업 파트너에서 제외된다. 이러한 강력한 집행제도에 의해 화교 사회의 신용이 유지된다.

화교 사회에는 상호간의 계약 이행을 촉진시키기 위한 몇 가지 제도가 있다. 예컨대 '사업에 얽힌 후일담'에 관한 정보교환을 통해 경쟁자는 물론 친구, 동업자의 사업 내용에 대해서도 잘 알게 된다. 이런 정보는 빈번하게 열리는 연회 및 사교 모임을 통해 쉽게 얻을 수 있다. 사업 정보를 얻을 수 있는 가장 중요한 공식 기구는 화교 상공회의소이다. 상당수 중국인 기업체들이 소재해 있는 동남아 지역 대부분의 도시에는 화교 상공회의소가 있다.

소수민족으로서의 고난 경험

여타 소수민족들과 마찬가지로 화교들도 그들이 정착한 국가에서 박해, 차별 대우, 정치적 억압 등을 받아왔다. 화교 사업가들을 대상으로 조사한 결과에 따르면 이민 1세 중 90%는 전쟁을 경험했고, 40%는 문화혁명과 같은 정치적 재난을 겪었으며, 32%는 가정을 잃었고, 28%는 경제적 재난을 맞아 막대한 재산 손실을 경험한 것으로 나타났다. 화교 사업가들은 이런 험난한 경험을 바탕으로 사업의 불확실성을 극복하기 위한 다양한 전략을 개발해 왔는데, 검소한 생활과 높은 교육열 등이 대표적인 예이다.

비공개로 인한 이익

대부분의 화교기업은 사업 내용의 공개를 꺼린다. 공개를 피하는 방법으로 꼭 필요하지 않다면 증권시장에 상장하지 않는 방법을 사용하는데, 이 경우 연차보고서를 만들거나 경쟁기업을 경계할 필요도 없게 된다.

한편 화교기업들은 마케팅을 중요시하지 않고 익명을 선호하기 때문에, 상표를 사용하지 않거나 사용한다 하더라도 최소한의 사용으로 억제한다. 사실상 샤넬, 제너럴일렉트릭, 소니와 같은 유명 상표를 갖고 있는 화교기업은 거의 찾아볼 수 없다. 화교들은 이러한 사업 내용에 대한 비공개로 그들의 부를 유지해 오고 있다.

가문의 명예 중시

화교들은 개인의 명예보다는 가문의 명예를 매우 중요시한다. 가문의 명성은 신용 상태를 표시하는 기초 수단이 될 수 있다. 만약 어떤 가족 구성원이 불성실한 채무자로 판명된다면 가족의 다른 구성원들도 비슷한 평판을 받게 되며, 자금 대출 제한, 대출 프리미엄 증가 등을 초래하게 된다.

틈새시장의 개척

화교들은 경쟁이 심하지 않고 시장 지배력도 쉽게 확보할 수 있는 시장에 특화하는 경향이 있는데, 이는 이들 시장을 통해 매우 높은 독점이윤을 기대할 수 있기 때문이다.

화교 사업가들은 비교적 용이하고 신속하게 자금을 조성할 뿐만 아니라, 여러 시장들을 상호 연결하는 판매망을 구축한다. 이로써 자신들이 창출한 틈새시장을 널리 선전하면서 판매기회를 확대한다. 또한 그들은 시장 수요 변화에도 신축적이며 혁신적으로 대응함으로써, 자신들의 틈새시장을 유지하고 확장한다.

국경을 초월한 유대관계

화교들은 대부분 다른 나라에 친구나 친척이 많다. 가족이나 친척이 없는 지역에는 동향인이나 같은 방언을 사용하는 화교끼리 유대관계를 형성하게 된다. 그래서 가는 곳마다 어떤 형태로든 화교로부터 도움을 받을 수 있다.

이러한 화교 인맥의 또 다른 장점은 많은 비용을 쓰지 않고서도 투자 조언을 쉽게 얻을 수 있다는 데 있다. 화교들은 그들이 영업하고 있는 시장에 관한 지식을 상호 교환한다. 화교들은 이러한 네트워크를 통해 새로운 시장을 신속히 파악, 확대해 나갈 수 있으며 어떤 시장에서 공급이 부족할 경우 그렇지 않은 다른 시장에서 '쉽고 빠르게' 조달할 수 있다. 이에 따라 여러 지역에 분산되어 있는 시장들을 실제적으로는 하나의 시장처럼 통합할 수 있게 된다.

이처럼 국경을 초월한 네트워크 구축으로 인해, 공식 채널을 통했을 경우의 규제나 기타 비용 지출 등을 피할 수 있는데, 이는 세계 전역에 걸쳐 상호 연결되어 있는 수천 개에 달하는 화교들의 네트워크 때문에 가능하다.

자본조달의 용이

역사적으로 화교 사업가들은 자본을 얻기 위해 친구나 친척, 특히 동향인들에게 의존해 왔다. 화교 사회의 집행제도는 대출금 상환율을 높여 원활한 자금 유통을 가능하게 하였다. 은행제도가 초기 단계에 있거나 존재하지 않는 곳에서 자본을 조달하는 것은 매우 어려운 일인데, 화교 사업가들은 비화교 사업가들과는 대조적으로 이러한 자금 융통 제도를 통해 신속하게 자금을 조달, 사업 기회를 포착할 수 있었다.

현지 정부 및 정치인과의 유대관계 강화

현지인들의 지도층과 밀접한 관계를 갖는다는 것은 화교들에게 있어 사업의 지속적 성장을 위해 매우 중요하다. 화교들은 지역 통치자나 관료들에게 금융 기법 및 자금을 제공함으로써 유대관계를 공고히 해왔다.

화교들은 자신들이 현지 지도층의 정치적 라이벌로 나설 가능성이 없다고 판단, 이러한 역할을 선호하였다. 현지 통치자들도 화교들의 정치 불참여로 인해 혹시 있을지도 모를 정치적 위험을 피할 수 있었다. 최근에 이르러 화교 기업가 2세들은 국내뿐만 아니라 해외의 정치 엘리트와도 밀접한 관계를 맺고자 많은 노력을 기울이고 있다.

화교기업의 발전은 부분적으로 정부에 대한 적극적인 로비에 의해 설명될 수 있다. 기업의 규모가 확대됨에 따라 스스로를 유지, 보호하기 위해 정부와의 제휴가 불가피해진 것이다. 화교 기업가들은 아시아 각국에서 공식 독점사업 및 해외로부터의 경쟁이 제한된 사업, 장기 저리 대출 수혜 등의 특혜를 받아왔다. 비효율적인 전통적 경영방식에도 불구하고 화교 대기업들이 살아남을 수 있었던 이유가 여기에 있다.

풍부한 정보 수집

화교가 모으는 정보는 다방면에 걸쳐 있다. 라이벌 기업의 동향이나 치안 정보, 정치 정세는 물론이고, 풍속, 습관, 유행, 스캔들까지 모두 모아서 적의 허점을 찌른다. 이러한 정보를 활용하여 승부를 하기 전에 '이기느냐 지느냐'를 미리 판단하는 것이다. 그들은 '이길 수 있다' 또는 '이길 수 있는 확률이 높다'는 판단이 섰을 때만 승부를 한다. 즉, 지는 승부는 하지 않는 것이다. 이 '이기느냐 지느냐'를 볼 수 있는 안목이 중요하다.

또한 화교는 정보 수집에 돈을 아끼지 않는다. 우리는 보통 '인쇄물과 정보는 공짜'라는 생각에 젖어 있다. 아무리 좋은 정보를 가르쳐 주어도 '한 끼 식사' 정도로 끝낸다. 하지만 화교는 다르다. 좋은 정보를 주면 당신 덕분에 돈을 벌었다고 하면서 기꺼이 사례를 한다.

화교기업의 경영 관행

화교 간의 기업 경영방식은 공통적인 부분이 참 많다. 가능한 한 자신의 기업은 직접 운영하고, 실용적이며 형식에 구애받지 않는다. 모험심이 강한 이들은 틈새시장을 개척하여 시장 지배력을 키워나간다. 교육을 중시하고, 의사 결정을 신속하게 하는 이들은 현지인들에게 자신들의 문화를 강조하지 않고 그곳의 우수한 문화를 수용하는 융통성을 보인다. 뿐만 아니라 이들은 국경을 초월하여 자신들이 영업하고 있는 시장에 관한 지식이 있다면 거리낌 없이 상호 교환하는 유대관계를 보인다.

화교기업은 대체적으로 일반적인 자본주의와는 약간의 차이점을 가진다. 화교기업들은 화교 네트워크를 중심으로 한 '끼리끼리 비즈니스'로 유명하며 다른 사람에 대해서는 상당히 폐쇄적이다. 또한 본국으로 금의환향하는 형태의 투자를 하여 중화 경제권의 형성이란 말이 나올 정도로 중화 지향적이기도 하다. 이러한 화교 자본주의의 공통점은 거대한 이민 경제이며, 차이나타운을 형성하고 있다는 점, 네트워크를 중시하고, 중국 국적 소유에 관계없이 중국의 문화 및 혈연을 중시하고 있다는 것 등이다.

대부분의 화교 사업체는 중소기업이며 거대기업인 경우에도 실제로는 소기업들이 결합한 경우가 많다. 예를 들어 홍콩 제조업체의 98%는 200명 이하를 고용하고 있는 중소기업이고, 대만 업체의 99%도 중소기업이다.

전형적인 화교 중소기업들은 가족 소유로서 중앙 집권적인 의사 결정을 중시하며, 비교적 단순한 조직체계를 갖추고 있다. 또한 일반적으로 한 가지 상품에만 관심을 가지고 있으며, 소유자 겸 경영자는 해당 상품의 시장에 정통하고 비용과 효율 측면에 대단히 민감한 특성을 지니고 있다. 이를 좀더 살펴보면 다음과 같다.

중앙 집권적 의사 결정

일반적으로 화교기업에서는 경영자가 의사 결정에 앞서 부하들과 의논하는 경우가 거의 없으며, 부하들도 충성을 다하고 복종하도록 훈련되어 있다. 따라서 신규 채용 시에도 서구기업에 비해 신뢰성과 충성심을 훨씬 강조하고 있다.

화교기업에는 신속한 의사 결정을 원활케 하는 몇 가지 특성이 있는데, 중앙 집권식 경영, 다양한 용도의 기술 보유, 단순한 회계 관행(화교기업의 장부는 종종 소유주가 기업의 재무구조를 항시 파악, 빠른 의사 결정을 할 수 있도록 아주 단순한 대차대조표 양식을 갖추고 있음) 등이 그것이다. 화교기업들과 거래를 하는 외국기업들은 상대방의 의사 결정이나 동의를 오래 기다릴 필요가 없는데, 이는 화교기업의 의사 결정이 즉석에서 이루어지기 때문이다.

중앙 집권적 의사 결정을 선호하는 경향 때문에 많은 화교기업들은 분권적 의사 결정이 필요한 복잡한 제조업이나 서비스업에 진출하려고 하지 않는 반면, 부동산 개발과 같이 경영권이 쉽게 집중되는 사업에서는 아시아 전역에 걸쳐 강세를 보이고 있다.

가부장적 인사 관리

일반적으로 화교기업의 경영은 가부장적인 형태를 취하며 대부분의 기업은 종업원들의 강력한 충성심을 유도하고 있다. 종업원들의 자녀 교육을 위한 재정 지원, 병원비 지불, 융자,

작업장에서의 식비 보조 등을 통해 종업원의 이탈을 방지한다. 화교기업들은 불황 시에도 종업원을 해고하지 않고 계속 고용한다. 이러한 관행은 화교 고용주와 종업원 사이의 장기적인 인간관계를 형성하게 되며, 연공서열식 승진 관행은 이를 뒷받침한다.

내부 금융 선호

화교기업의 규모가 커지고 아시아 금융시장이 발달함에 따라 친족이나 친지들로부터의 자금 조달은 점차 사라지고 있다. 그럼에도 불구하고 전통적인 자금 조달 방식은 창업한 지 얼마 되지 않은 소기업들에게는 여전히 중요하다. 친족은 창업 자본 조달의 중요한 원천이 된다. 예컨대 대다수의 대만 벤처기업은 친구나 친척들의 자금에 의존하는데, 그 이유는 대만의 경제계에 전통적인 중소기업이 압도적으로 많기 때문이다.

보다 규모가 큰 기업에서는 사내 유보금을 활용하는데 그 이유는 증자나 차입과는 달리 비용이 싸고, 기업 경영권이 외부인에게 넘어갈 염려가 없기 때문이다.

대형 화교기업들은 대개 여러 가지 방식을 혼용하여 자금을 조달하는데, 외부로부터 자금을 융통하기보다는 자사의 금융 자회사로부터 차입하는 방식을 취하고 있다. 이렇듯 화교기업들은 대소를 막론하고 자금 융통 시에 소유권의 상실을 최소화할 수 있는 방식을 선호한다.

서비스 비용 지출 기피

많은 화교 기업가들은 서비스와 무형 자산을 경영의 요소로 생각하지 않고 경시하는 경향이 있다. 즉, 법률, 금융 및 마케팅 관련 컨설팅, 연구개발 투자, 디자인, 기타 서비스 등에 대한 비용 지출을 꺼린다. 화교기업들은 이러한 서비스를 자체 생산하거나, 차용하거나, 포기함으로써 비용을 내부화하는 등 서비스에 대한 관심도가 낮은 편이다.

기업 상속

전통적으로 화교들은 아들을 귀하게 여기는데 이는 아들이 작고한 부모를 포함한 조상을 섬기는 관습에 기인한다. 아들이 없고 딸만 있는 일부 화교 노인들은 임종 시 양자를 선택하여 전 재산을 상속하기도 하는데, 양자는 자식으로서의 의무를 다해야 한다.

전통적으로 모든 아들은 아버지의 재산을 동등하게 분배받는다. 그리고 장남이 가업을 계승한다는 원칙 하에 유산은 서열에 따라 분배된다. 가업에 대한 전적인 소유권은 아니더라도, 경영권이 아들에게 상속되는 것은 아직도 흔한 일이다.

가족의 경영 참여

많은 전통적 화교기업의 공통된 주요 관심사 중 하나는 가족을 하나로 결속하고자 하는 갈망이다. 종종 새로 이민을 가서 작은 사업을 시작하는 화교들은 과다 고용과 잠재적 실업

문제를 만들면서도 가족 전체를 사업에 참여시킨다. 기업 규모가 점차 확대됨에 따라 가족을 결속시키고자 하는 욕구도 커지는데, 이는 전통적 이유 때문이라기보다는 실용적 이유에서 비롯된 것이다. 가족 구성원들 간의 이탈이 어렵도록 상호 간 주식을 보유하고, 가족들이 경영진에 모두 포진하는 것은 가업을 온전히 보존하려는 화교 기업가들의 성향을 잘 나타내주는 것이다.

화교기업 간의 호의적 거래

주요 화교기업 간에는 수많은 호의적 거래가 이루어지고 있다. 어떠한 호의라도 언제나 보답이 있으며 그 보답이 이루어지기까지 수년씩 걸릴 때도 있다. 현재 이루어지는 어떤 화교기업의 다른 화교기업에 대한 특별한 배려나 움직임은 종종 몇 년 전에 받은 호의에 대한 보답일 수 있다. 호의를 주고받는 사람들은 종종 지연이나 학연, 교회 단체와 같은 몇 개의 연결고리를 공유하는 것이 보통이다.

부동산과의 연계

거의 모든 화교 기업가들은 부동산을 가장 선호하는 투자 대상으로 여기고 있다. 화교들에게 부동산은 유형(有形)인데다가 추가 자본을 획득할 수 있는 담보로 이용할 수 있어 최상의 투자 대상이 되고 있다.

사실상 화교 기업가들의 부는 대부분이 부동산이며, 많은 동아시아 도시들의 급격한 부동산 가격 상승은 이들에게 급속한 부의 축적을 안겨주었다. 대다수 화교 대기업들은 계열 부동산 회사를 통해 부동산 개발 및 투자 관련 사업을 활발히 모색하고 있으며, 화교기업들의 가장 보편적인 주력 업종은 토지와 부동산 개발이다.

변화하는 경영 전략

이상과 같은 전통적인 화교기업의 구조와 관행은 오늘날에도 여전히 중요하다. 화교기업들이 성장하면서 전통적인 특성을 상실하는 경향도 있으나 전부를 상실하는 것은 아니며 현실에 맞게 개선하고 현대화시켜 나가고 있다.

다만 화교기업의 최고 경영진은 급료, 회사내규 등과 관련된 결정에 있어서 여전히 실질적인 권한을 갖고 있으며, 자금조달 및 고용 등에 관한 결정은 관료화된 서구회사처럼 공식적인 제도나 문서 절차에 의존하기보다는 여전히 중앙 집권적이고 사적인 부문으로 남아 있다.

그러나 최근 수년 동안 아시아 전역에서 화교 대기업들은 급속히 변하고 있다. 지역경제가 통합되고 기업들이 더욱 치열한 경쟁에 직면하게 되면서 많은 대기업과 그룹들은 경영구조를 현대화하고 있다. 전통적인 방식으로 경영되어 온 화교기업들은 확장을 거듭함에 따라 이에 새로이 적응할 필요가 생겼으며, 소기업에서 흔히 볼 수 있는 중앙 집권적인 의사 결정보다는 서구기업의 경우처럼 실무적인 결정이 점차 하부 경영진으로 이양되는 추세에 있다.

특히 화교기업들은 경영혁신에 매우 적극적이다. 화교기업들은 '가족 경영'의 기존 한계를 극복하지 않고서는 경영의 효율을 높일 수 없다고 판단한 것이다. 화교기업 변화의 골자는 경영구조의 현대화이다. 화교기업 관계자들은 현대적인 기술 집약 산업을 키워 나갈 때, 기존의 전통적인 경영구조가 약점이 되고 있다며, 경쟁에서 살아남으려면 전통 경영 관행의 변화가 불가피하다고 말한다. 소유와 경영의 분리는 좋은 예이다. 그동안 화교기업은 전통적인 방식(소규모 가족기업 경영체제)과 현대화된 방식(서구적 기업 경영체제)이라는 양대 축에 뿌리를 두고 발전해 왔다. 그러나 최근 전통적인 경영방식이 줄어들거나 아예 없어지는 현상이 뚜렷해지고 있다.

소유자 또는 창업자는 외부인을 전문경영인으로 영입하고 있으며, 이는 경영의 각 부문에 큰 변화를 가져오고 있다. 일부 화교기업에서는 엄격한 회계 감사를 통해 경영 정보를 공개하기도 한다. 화교기업의 또 다른 변화는 사적인 채널을 통해 동원하던 자금 조달 방식을 바꿔 공적 금융 기관과 주식 시장을 활용하기 시작했다는 점이다. 화교기업의 기존 자금 조달 관행으로 볼 때 이것은 엄청난 변화이다. 철저히 비밀에 부치던 경영 관행으로는 더 이상 기업성장이 어렵다고 판단, 대형 금융 기관에 눈을 돌리고 있는 것이다. 금액이 일정 한도를 넘어서면 사적인 채널을 동원할 때보다 금융 기관을 통할 때 조달 비용이 더 싸진다는 것을 안 것이다. 인도네시아에서는 증권거래소를 통해 자금을 동원하고 있는 상위 10개 기업 중 화교기업이 8개에 이른다. 계열기업의 합병도 화교기업 변화의 한 단면이다. 최근 화교기업들은 전체를 몇 개 기업으로 나눠 지주회사 밑에 편입시키고 비중이 떨어지는 회사를 정리하고 있다.

화교기업들은 또 신규사업 진출에도 적극적이다. 이들은 새로운 사업 기회가 생기면 기꺼이 뛰어든다. "화교기업들은 거의 모든 분야에서 사업을 전개하고 있다"는 말이 나돌 정도이다. 화교기업들이 활동하지 않는 분야가 있다면 이 사업 분야는 타산이 맞지 않기 때문이라고 볼 수 있다. 농업은 화교가 종사하지 않는 사업 분야로 꼽히는데, 이는 많은 동남아 국가들이 외국인에 대한 토지 소유를 금지하고 있기 때문이다. 반면 화교기업들은 '이동 자산'을 대단히 선호한다. 지난 1949년 이후 홍콩과 대만에 정착한 상해 출신 중 상당수의 기업인들이 해운업에 뛰어들었다. 선박은 이동이 쉽기 때문이다. 화교들은 교육도 이동 가능한 자산으로 친다. 최근엔 인공위성까지 현대적인 이동 가능 자산으로 분류한다. 화교 대기업들이 위성 및 위성기술 등 통신 분야에 앞 다퉈 뛰어드는 것은 이런 이유에서이다.

새로운 패러다임, 화교 네트워크

전세계 90여 개국에 진출하여, 특히 경제 부분에서 그 실력을 유감없이 발휘하고 있는 이들을 일컬어 사람들은 흔히 '화교 제국'이라고 표현한다. 이 같은 명칭을 입증하기라도 하듯 현재 세계 화교들의 움직임을 하나로 모으고 있는 역할을 하는 것이 있다. 화교 네트워크가 바로 그것이다. 국제적인 화교 네트워크를 통해 이들은 자신들끼리의 긴밀한 유대관계를 강화시키고 상호 협조적인 관계를 유지하고 있다. 네트워크의 중요성을 깊이 인식하고 있는 화교 간의 네트워크 활동은 매우 적극적이다. 국경이 사라지고 인터넷이라는 정보통신까지 발달된 지금, 네트워크라는 연결고리는 더욱 튼튼해졌다. 오늘날의 국제경제는 기업 간의 상거래와 개인 간의 커뮤니케이

션에 따라 좌우된다. 국가가 상거래를 하는 것이 아니라 사람과 기업이 교역을 하는 것이다. 네트워크는 새로운 국제경제 체제의 핵심이 되고 있다. 화교의 활동은 네트워크들이 결합되어 이루어진 일종의 네트워크 구조라고 할 수 있다. 이는 세계경제의 기본 틀 안에서 지금까지 볼 수 없었던 새로운 전형, 즉 새로운 패러다임이다. 화교가 해외로 강력하게 팽창할 수 있는 것은 그들 나름의 결합과 강한 단결심, 그리고 그것을 축으로 세력을 확대하고 있는 네트워크의 힘이라 볼 수 있다.

화교 사회에서 중요한 역할을 담당하고 있는 사람들은 모두가 서로를 잘 아는 가운데 모든 일을 협동적으로 처리한다. 이들의 사업 활동은 기이할 정도로 개별화되어 있지만 필요할 때는 언제라도 협력할 태세를 갖추고 있다. 이들 사이에도 경쟁은 치열하게 벌어진다. 외부인, 특히 같은 문중이나 동향이 아니거나 같은 파벌이 아닌 사람들은 철저히 배제시킨다. 위기에 부딪히거나 대단한 호기를 맞았을 때는 끼리끼리 결속하고 협력한다. 홍콩의 한 은행가가 지적한 것처럼 중국인들의 사업 공동체에서 인정받아 새로운 제휴를 보증받는다면 그것은 천만금보다 더욱 값진 것이 된다.

화교의 족벌 사업체는 자체 네트워크를 구성하고 있다. 기업체와 그 밖의 여러 사업으로 이루어진 네트워크인 것이다. 다시 이런 네트워크들이 서로 맞물린 채 짜여져서 전세계적인 거대한 네트워크 체제를 형성하게 된다. 이런 구조는 인터넷을 떠올리면 쉽게 이해할 수 있다. 인터넷이 수만 혹인 수십만 개의 네트워크로 구성된 것처럼, 화교들도 수만 개의 네트워크 조직을 형성하고 있는 것이다.

강한 힘을 발휘하는 네트워크는 예외 없이 공통점을 지니고 있다. 즉, 그 시스템의 개개 구성체가 마치 네트워크의 중심처럼 기능한다는 점이다. 화교들은 세계 여러 지역에 걸쳐 있는 그들의 네트워크 속에서 각자 다른 사람들과 거래한다. 그러면서 이들은 자신이 네트워크의 중심에 있는 듯한 기분을 느끼게 된다. 개인주의적인 성격이 강한 화교는 자신의 운명을 스스로 개척하기를 바라고 있다. 중국의 속담에 "남을 위해 하는 일에는 전망이 없다"라는 말이 있다. 화교들은 모두가 중심에 놓이고, 또 자신이 주인이 되기를 원한다. 이런 의식이 화교의 모험심과 진취적 의욕을 자극하는 것이다.

이러한 네트워크의 한 예로, 싱가포르의 화교 상공회의소는 세계 중국인 기업 네트워크라는 컴퓨터 네트워크를 만들어 전세계의 화교 상공회의소를 연결시키기고 있다. 이른바 가상공간을 연결하는 이런 하이테크 링크는 기업활동에 종사하는 모든 화교 간의 정보 유통을 촉진시키고 있다. 이런 네트워크 외에도 전세계 화교들의 움직임을 취재, 보도하는 중국 TV 네트워크가 1994년 12월 홍콩에서 개국되었다.

네트워크 조직 모델에는 또 다른 측면이 있다. 교육열이 대단한 중국인들은 서구에 있는 세계 유수의 대학과 사립학교에 자식들을 유학시키고 있다. 이들 자녀는 이튼, MIT, 하버드, 옥스퍼드, 케임브리지 등에서 수학하면서 전세계의 정·재계

파워 엘리트들의 자녀들과 친분을 쌓는다. 불의의 상황에 대비한다는 의미에서 본다면 또 하나의 유력한 세계적 네트워크를 형성하고 있는 셈이다.

화교는 그 어느 집단보다 글로벌 네트워크 결성에 가장 적극적이다. 즉, 세계적인 감각이나 세계적인 조직 면에서 가장 뛰어나기 때문에 세계적 활동의 진정한 모델 구실을 할 수 있는 것이다. 화교자본은 현재 서구 세계에서 상당한 자금 조달원 구실을 한다. 화교 실업가는 서구 세계의 경제활동 속으로 더욱 깊숙이 손을 뻗치고 있으며 세계 여러 지역에 바람직한 자극제 구실도 하고 있다.

현재 세계는 민족 국가의 집합체에서 네트워크의 집합체로 이행하고 있다. 그러나 한 가지 역설적인 현상은 국가 간의 경계가 퇴색하면서 오히려 민족적 정체성이 더욱 중요시되고 있다는 점이다. 즉, 경제적 상호 의존성이 더욱 심화되면서 사람들의 정체성이 약화되자 문화적 정체성을 찾으려는 욕구가 강해지고 있는 것이다. 그에 따라 뿌리의식과 민족성이 더욱 중요시되었다. 이렇듯 세계가 민족 국가에서 네트워크 중심으로 옮겨가고 있는 가운데 화교들은 진정한 의미의 세계적, 민족적 네트워크를 발 빠르게 형성하고 있다.

화교 네트워크의 형성

일반적으로 화교는 거주국 국민이라도 현지인과 다른 언어,

문화, 전통, 관습에 근거한 정체성을 가지며, 화교 간의 교류가 현지인과의 교류보다 많다. 화교 간에는 혈연, 지연, 업연(業緣)이라는 '3연(三緣)'관계가 존재하며, 그것에 기초한 각종 화교 단체의 활동으로 화교 네트워크가 형성되었다. 화교들끼리 이 네트워크를 이용하여 서로 돕고 협력하면서 생활기반을 강화하는 것이 화교 사회의 한 특징이다.

혈연, 지연, 업연이 기본

이러한 네트워크 속에서 가장 중요한 것은 동향관계이다. 동향 출신자가 증가하고, 그 중에 부유한 상인이 출현하거나, 또는 부유한 화교 상인의 초청으로 중국에서 이민온 사람들이 모여 동향자군(群)이 형성되면 여기서 사교, 정보 교환, 상호 부조의 장으로서, 또는 고향을 지원하거나 고향과의 연락창구가 되는 동향인 회관이 설립된다. 중국인이 해외로 이주하는 경우 동향의 선배 또는 친척에 의지하기 때문에 그들은 같은 직업에 종사하는 경향이 많으며, 이에 따라 원래의 지연관계 이외에 업연관계를 갖고, 경우에 따라서는 다시 혈연적 관계를 갖게 되는 것이 일반적이다.

1940년대에 이러한 네트워크가 개별 국가 내에서 통합되었으며, 1970년대에는 동남아시아 지역에서 국경을 초월한 네트워크가 형성되었다. 1980년대 이후에는 홍콩, 대만 및 동남아시아 지역에 거주하는 화교들의 북미, 구주 지역으로의 이주가 급격히 증가함에 따라 북미, 구주 및 동남아시아 지역을 연계하는 글로벌 화교 네트워크가 형성되었다. 1990년대 후반에 들어서는 화교 사회 및 국제 환경의 변화에 따라 화교 조직 내에서도 새로운 형태를 통한 네트워크가 형성되고 있는 중이다. 또한 화교기업의 활동이 활발한 국가들을 중심으로 투자 네트워크가 긴밀해지는 성향도 보인다.

이러한 네트워크가 형성되게 된 이유는 무엇보다도 외국에서 살고 있는 중국인에게는 새로운 환경의 생활이나 사업에 있어서, 자신들의 단결 이외에는 의지할 것이 아무것도 없다는 점에서 찾을 수 있다. 화교가 외국에서 가장 의지할 수 있는 것은 먼저 혈연관계이며, 그렇기 때문에 친인척을 고용하는 가족 경영의 화교기업이 탄생하게 되었다. 꼭 혈연관계가 아니라도 단지 같은 성(姓)이라는 이유만으로도 친근감과 신임을 받는다. 혈연 다음 중요한 것은 지연이다. 비슷한 생활습관과 방언을 사용하면 쉽게 친근감을 느낄 수 있다. 한편 업연에 기반을 둔 조직은 '중화총상회(中華總商會)'라는 경제 단체로 대표된다. 동남아시아의 여러 나라에서 중화총상회는 화교재계의 조정 역할 이외에 국가 간 화교 재계의 교류도 담당한다.

세계 각국에 퍼져 있는 화교들 사이에는 국제적인 사업관계를 유지하는 사적인 네트워크로 종친 조직인 동성회(同姓會), 동향관계에 기초한 동향회가 있으며, 이와 별도로 기업인들로 구성된 업종별 조합과 지역별 상공회의소가 있다. 그 중에서 이들을 총괄하는 화교 상공회의소는 조직이 가장 방대하고 영향력이 강한 경제적인 구심체이다.

최근 이들 화교 단체들에서 색다른 움직임을 발견할 수 있다. 즉, 화교 단체의 활동이 한 나라에만 머무르지 않고 국제화되고 있다는 것이다. 예를 들어, 1991년 1월 '제5회 세계 종성연종(鐘姓聯宗)대회'가 방콕에서 개최되어 전세계에 산재된 '종(鐘)'성의 사람들을 대표하여 세계 각지에서 약 2천 명이 참가하였다. 또한 1991년 11월 '제7회 세계 사(謝)씨 종친총회'가 콸라룸푸르에서 개최되었다.

지연관계도 세계적 규모로 확대되고 있다. 1991년 10월 '제2회 세계하이난향단연선회[海南鄕團聯誼會]'가 방콕에서 개최되었다. 참가자들은 하이난 섬의 개발이나 하이난계 화교의 경제력 향상을 목표로 하이난계의 국민투자회사, 세계 하이난 화교은행의 창설을 주장하였다. 또한 1991년 8월 '제6회 국제조단연선연회(潮團聯誼年會)'가 파리에서 개최되어 18개국에서 천 명 이상의 차오저우인[潮州人] 대표가 참석했다.

업연관계 역시 세계 각지에 있는 화교기업의 교류와 협력 관계를 강화시키는 역할을 담당하고 있다. 예를 들어 각국의 중화총상회 주최로 '세계화상대회'가 개최되어 화교의 문화전통과 정체성 유지를 제창하였고, 화교의 단결, 정보 교환, 사업 협력 등을 더욱 촉진시킬 것을 결의하였다.

광범위한 화교 네트워크

화교들은 언어, 문화, 관습의 동일성으로 인해 서로 강한 친근감을 갖는다. 네트워크는 사업상의 협력을 더욱 손쉽게 만든다. 화교 네트워크는 국내에서뿐만 아니라 세계적으로 해외 투자를 전개하고 있는 화교기업들에 의해 크게 활용되고 있다. 화교 네트워크의 광대함은 다음의 예에서 잘 드러난다.

인도네시아 사림그룹의 총수인 린샤오량이 1994년 4월 개최한 금혼식 파티에는, 친족 이외에도 세계 각지에서 약 2천 명의 거래처 간부와 정부 고관이 참가하였다.

또한 1991년에는 대만의 중견 은행인 중국신탁상업은행 회장의 회갑 축하연에 세계 각국에서 거물 기업인과 정부 고관이 참가할 예정이었으나 언론의 비판으로 취소되었다. 참가자 중에는 각국의 화교재벌도 포함되어 있었던 것으로 알려졌다. (이 사건으로 화교 네트워크의 폭이 드러나게 되었다.) 한편 홍콩에는 화교재벌이 개인적으로 참가하여 정기적으로 정보를 교환하는 클럽이 있으며, 그곳에서 결정된 공동 투자 안건도 적지 않다.

화교 세계에서는 신용을 대단히 소중하게 생각한다. 화교기업 간에 일단 신뢰관계가 형성되면 이후로도 관계가 오래 지속되어 거래나 공동 투자의 협력이 더욱 확대되는 경우가 많으며, 수억 달러에 이르는 거래나 공동 투자 등이 계약 서류 없이 이루어지는 경우도 흔하다. 그러나 파트너와의 신용을 지키지 못하는 경우가 발생했을 때, 그 사실은 순식간에 화교 사회 전체에 알려지게 되고, 강력한 구속력을 지닌 화교 사회로부터 소외되는 결과를 빚는다. 이렇듯 강력한 구속력을 바탕으로 화교 사회의 신용과 결속력이 형성되기 때문에 불확실성이 상대적으로 높은 해외 진출 시에는 당연히 화교 파트너가 선호된다. 외국기업이 만약 화교기업의 협력으로 신뢰관계 구축에 성공하면 정보 제공이나 파트너 소개 등에서 화교 인맥의 이용이 가능해진다.

이렇게 구축된 화교 네트워크는 언어와 관습의 공유로 말미암아 국경을 넘어 광범위하게 존재하고 있다. 개인적인 네트워크와의 긴밀한 관계를 지속적으로 유지하는 것은 신규사업의 추진이나 현지 시장에 대한 정보 획득에 매우 유용하다. 화교기업들이 화교 파트너를 선호하는 것은 언어와 문화적 동질성뿐 아니라 중국인 사회의 강한 결속력에서 기인한다.

화교 네트워크의 특성

화교가 혈연, 지연을 바탕으로 국경을 초월한 중국인 상호간의 네트워크를 형성했다는 것은 매우 잘 알려진 사실이다. 화교는 이러한 네트워크 형성 과정에서 상업활동의 중심적인 역할을 담당했을 뿐만 아니라 해외 각지에 산재해 있는 이질 문화와의 원활한 접촉과 현지 적응에도 성공했다.

글로벌 파워로서의 화교 네트워크

중국과 동남아시아의 경제가 급속도로 부상하면서 화교들은 세계경제의 신데렐라로 떠올랐다. 국가 개념이 희박한 그들은 비록 국민 국가 시대에서는 이단자로 낙인찍혔지만, 정보통신 분야의 혁명이 본격화되면서 오히려 세계화의 첨병으로 각광받기에 이르렀다.

13억 중국인 가운데 화교 및 그 친척은 그 수에 있어 그리 많지 않으나 그 경제활동은 동남아시아의 경제활동뿐만 아니라 중국 본토 및 선진 제국을 연결하는 글로벌 파워로서 새삼 주목을 받고 있다.

화교 네트워크는 '보이지 않는 제국'이다. 대만, 홍콩에서 아세안 국가, 그리고 북미, 호주로 모래알처럼 흩어져 있던 중국인들에게 국경의 붕괴와 통신망의 발달은 전세계 화교의 '대융합'이란 결과를 가져왔다. 이들의 파워는 '산업혁명 이후 가장 주요한 경제적 진전'이라는 중국의 부상과 결합하면서 그 위력을 더해가고 있다.

혈연과 지연 중심의 관시망

중국의 전통문화가 그렇듯이 이들 화교 역시 혈연을 바탕으로 한 종법(宗法) 사회의 특징을 여러 가지로 보여주고 있다. 이미 살펴보았듯이, 우선 기업 경영은 철저한 가족 중심 체제이다. 실력 있는 이웃보다는 차라리 모자란 가족이 더 낫다는 생각이 지배적이다. 회사를 경영하는 데 있어 가장 중요한 사안은 가족끼리의 식사 시간에 결정하는 게 일반적 관행이다. 또한 기업의 상속에 있어서도 장자(長子) 또는 직계 자손에게만 물려주는 관행은 아주 뚜렷한 특징이다. 가족과 같은 혈족 범위의 사람들끼리만 철저하게 단합하고 이에 속하지 않는 다른 집단과의 교류는 대부분 형식적인 차원에 그치는 것도 특징이다. 혈연이 조금 확대돼 지연으로 나아가는 경우가 많으며 이 같은 특징은 결국 독특한 네트워크를 형성하는 기반이 된다.

가부장적인 사고방식은 기업의 의사 결정에도 영향을 끼친다. 한편 이 같은 중앙 집권적인 성향은 결국 스태프진의 역할을 무시하는 쪽으로 나타나 경영 전반의 비효율을 불러오기도 한다. 또, 가족 중심의 소유욕이 극대화되어 대주주 방식을 고집하거나 기업 공개가 늦어지는 이유가 되기도 한다.

화교들이 구성하고 있는 자체적인 네트워크도 이 같은 성향에서 크게 벗어나지 않는다. 우선 그들이 가장 중요시하는 것은 혈연과 지연을 중심으로 한 '관시망[關係網]'이다. 자금 결제와 신규사업 투자 등을 비롯한 기업활동과 관련된 모든 행위가 이들이 자체적으로 구성해 놓고 있는 관시망을 통해 이루어진다. 관시망은 장기간의 신뢰를 토대로 이루어진다. 계약서보다는 개인의 말 한마디가 중시되는 풍토도 그러한 문화적 전통에서 비롯된 것이다. 이들 관시망은 매우 탄력적이면서 유연하다는 장점이 있지만, 배타적이고 일관성이 결여돼 있다는 단점이 있다.

세계화의 첨병, 화상

화교는 그 어느 집단이나 세력보다도 세계성을 강하게 보이고 있다. 즉, 세계적인 감각이나 세계적인 조직 면에서 가장 뛰어나다. 그 때문에 세계적 활동의 진정한 모델 구실을 할 수 있는 것이다.

동남아 지역에 몰려 있던 화교자본은 1980년대에 들어와 점차 투자 지역의 다변화를 꾀하기 시작했다. 특히 홍콩과 싱가포르가 세계 금융의 중심으로 자리잡아 감에 따라 미국, 캐나다 등지의 해외로 투자를 확대하는 데 힘을 기울였다.

화상의 해외 진출은 다른 다국적 기업과 마찬가지로 현지의 자본과 인력을 사용하는 것을 가장 이상적인 상태로 여긴다. 이때 부딪히는 최대 문제로 바로 현지의 정보에 대한 부족과 언어 장애를 꼽는데, 화상들은 이 지점에서 국경을 초월한 화교 사회의 네트워크를 사용하는 지혜를 발휘한다. 정보나 인력을 현지의 화교 사회를 통해 공급받는 것이다. 만약 다국적 기업 진출에 불리한 규제가 많거나 비용이 많이 들 경우, 화상들은 비공식적인 인맥을 통해 이를 어느 정도 해결할 수 있는 장점을 지니고 있다.

화교들은 세제(税制) 면에서 유리한 지역을 활용하는 데에도 뛰어나다. 이런 지역에는 전세계에서 세금을 피하기 위해 엄청나게 많은 자금이 몰려 있는데, 그중 상당액이 화교들의 자금이다. 따라서 화교의 투자를 유치하고자 하는 나라들은 그런 점을 감안해 화교들에게 유리한 여건을 조성해 주어야 한다.

현재 화교들은 용의 세기인 21세기의 활동 근거지로 화교가 전체 인구의 20%를 차지하고 있는 밴쿠버를 적극적으로 활용하고 있다. 리자청이나 스탠리 호 같은 홍콩의 거물 실업가들 중 상당수가 이미 밴쿠버에 자리잡고 있다. 밴쿠버가 있는 브리티시 콜럼비아는 해외에서 벌어들인 소득에 대해서는 일체 과세를 하지 않아 큰 인기를 끄는 곳인데, 특히 화교들에게는 안성맞춤이다. 이들은 가족을 아름다운 항구 도시 밴쿠버에 살게 하고, 그들 자신은 아시아를 왕래하면서 사업을 벌이거나, 아니면 가상공간을 통해 환태평양 지역에 산재해 있는 다양한 사업을 관리한다.

미국에 정착한 화교들은 미국 일부 지역, 특히 캘리포니아 지역의 경제적, 문화적 상황을 변형시키고 있을 정도로 큰 영향을 미치고 있다. 세계가 민족 국가에서 네트워크 중심으로 옮겨가고 있는 가운데 화교는 진정한 의미의 세계적, 민족적 네트워크를 형성하고 있다.

화교 네트워크의 활용

화교들을 이어주는 핵심적인 끈은 출신지별, 씨족별 결합이지만 경제력이나 집단의 실질적인 파워는 출신지별 결합이 압도하고 있다. 경제 영역도 출신지별로 달라 싱가포르의 경우 푸젠 출신은 고무와 해운, 광둥 출신은 요식업, 차오저우 출신은 농수산물 등으로 상권을 나누고 있다.

인도네시아 최대 재벌 린샤오량과 말레이시아의 최대 재벌

귀허녠도 고향(푸젠성)이 같은 화교 기업가들이다. 이들은 사업상 남다른 혈연관계를 맺고 있다. "계약서를 제쳐 놓고 서로의 관계(인연)부터 얘기하라"는 것이 이들의 불문율이다. 고향에 대한 투자에 있어서도 가능한 한 동향의 화교와 손을 잡는다. 화교는 출신지와 사용하는 방언별로 광둥, 푸젠, 하카[客家], 차오저우, 하이난 등 크게 5개 그룹으로 나뉜다. 이들은 모두 경제특구가 몰려 있는 중국 남부에 위치해 있다. 특구는 실질적으로 이들 화교의 자본으로 굴러가고 있는 셈이다. 중국 통계에 따르면 지난 1979년에서 1993년 사이 중국이 유치한 외국투자액 2천2백억 달러 중 약 90% 이상이 홍콩-대만-동남아 등지의 해외 중국인들이 조상의 나라 중국에 투자한 것이라고 한다. 홍콩 사람 대부분은 조상의 고향이 광둥성이고, 대만 인구의 85%, 싱가포르 인구의 22%는 푸젠성에 선조의 고향이 있다. 홍콩의 사업가 고든 우는 미국 뉴저지의 고속도로를 보고 홍콩과 심천 간 간선 고속도로 건설을 구상했다. "우리 고향에도 저런 것 하나쯤은 있어야겠다"는 발상이다. 싱가포르의 은행가가 한 번도 가본 적이 없는 할아버지의 고향 하이난성[海南省]의 땅을 사기 위해 거액을 동원하는 심리에도 똑같은 동향의식이 자리잡고 있다.

물론 이들이 고향에 대한 향수만으로 돈을 싸들고 달려가는 것은 아니다. 더 큰 이유는 중국에 값싸고 풍부한 토지 자원과 노동력이 있기 때문이다. 그렇다고 동향의식을 과소평가할 수는 없다. 1990년에서 1995년까지 하이난성 출신 화교들은 6천 개의 기업에 27억 달러를 투자했지만, 이들이 돈벌이만 한 것은 아니다. 이들 손으로 문을 연 학교가 97개소에 이르고 병원도 53개소에 이른다. 하이난성 교민국은 수년간 공을 들여 세계 30여 개국 화교 사회와 긴밀한 연결망을 구축해냈다.

16세기부터 동남아시아로 진출하기 시작한 화교들은 낯선 땅에서 살아남기 위해 누군가의 도움을 받아야 했다. 출신 지역이 다르면 말도 다르기 때문에 이들은 말이 통하는 고향 사람을 찾지 않을 수 없었다. 친목회 정도로 출발한 출신 지역별 단체들은 점차 세분화됐고, 회원들의 동향의식은 그대로 사업 영역으로 확장돼 거미줄 같은 지역적 관시[關係]를 만들어냈다. 중화권 등장의 막후 지휘자로 불리는 리콴유 전 싱가포르 총리는 "앵글로 색슨도 끼리끼리 관계를 맺고 유대인도 그렇다. 하지만 우리 중국인만큼 '관시'를 중시하는 집단은 없다"고 주장한다.

네트워크 활용의 중요성

화교들이 정착지별로 씨족 중심의 상조회를 결성하는 것은 아시아 전역 화교 집단의 공통된 현상이다. 이 조직은 화교들의 정착을 돕는 한편, 정보 교환소 및 은행 역할을 톡톡히 해내고 있다. 화교 상조회는 보통 혈연, 지연, 방언, 직업 등의 네 가지 특징을 갖고 있다. 종친회는 성이 같은 화교들 간의 모임이다. 성이 같다고 해서 모두 똑같은 조상의 후손일 수는 없지만 성과 고향이 동일하면 그럴 확률이 높아진다. 지연에 의한 상조회는 중국 내 같은 고향 출신끼리 모이는 곳이다. 같은 방언을 사용하는 화교들로 구성된 상조회는 비교적 광범위한 회원을 포괄하고 있다. 직업 상조회는 같은 종류의 직업을 가진 사람들의 모임으로 연줄의 성격 때문에 직업 및 방언과 밀접한 관계가 있다. 이런 조합 외에 복지조합과 사찰회, 동창회, 화교 상공회의소 등이 있다. 혈연조합은 그들의 고향 마을 (구, 현, 성) 및 중국 정부에까지 활동 영역을 확대한다.

최근 일부 혈연 및 방언조합들은 중국의 경제개혁과 자신들의 연고와 방언을 이용, 고향에 재투자하거나 고향무역 사절단을 초청하기도 한다. 만일 화교 사회에 어려움이 발생하거나 이들과 관련된 주요 인물이 부상하면 동향적인 결합으로 발전해 나가는 게 보통이다. 일부 화교들은 지연을 핵으로 모이면서 혈연과 동종업계 모임에도 나간다.

화교 네트워크를 통해 긴밀한 관계를 지속적으로 유지하는 것은 신규사업을 추진하거나 현지 시장에 대한 정보를 얻는 데 아주 유용하다. 세계 각국의 화교기업 150개를 대상으로 실시한 조사 결과에 의하면, 자국 내 사업의 50% 이상과 국제 사업의 39%가 이들 화교기업 간의 네트워크를 통해 수행된다고 한다.

일반적으로 동남아 화교기업의 사업 확장은 '국내 사업 확장→홍콩 현지 사무소 설치→중국투자→기타 아세안 제국 투자'의 형태를 띠며, 단계적으로 이루어지고 있다. 말레이시아의 홍룽그룹, 인도네시아의 릿포그룹 및 사림그룹, 태국의 챠림 폭핸드 등은 모두 이와 같은 형태를 보이며 성장하였다. 홍콩에 사무소를 설치하는 것은 기업성장을 본격화하기 위해 국제 자본시장에 진입했다는 중요한 의미를 갖는다. 중국에 대한 사업 확장에는 옛 친척, 고향 사람들과 새로이 구축한 정치적 인맥들이 흔히 활용된다. 기타 아세안 제국에 대한 투자는 현지 인맥을 구축하고 있는 현지 화교기업들과의 합작을 통해 추진하고 있다.

말레이시아의 경우 화교의 상호 협력은 화교 단체가 기업을 일으킨 것만 보아도 알 수 있다. 화교 여당인 MCA가 화교기업과 개인으로부터 자금을 모아 설립한 멀티·파퍼스·홀딩(MPHB)사는 그 대표적 예이다. 화교 정당 이외에 화교 동향회, 종친회, 동업협회 등에 의한 창설도 많다. 1960년대 초반 말레이시아에서 화교 단체가 창설한 대기업은 39개사였다. 그 내역을 보면 동향회가 19개사, 종친회가 2개사, 동창회가 3개사, 상공회 및 동업협회가 9개사, 화교여당 MCA의 지방지부가 6개사를 창설하였다.

화교기업의 협력은 상호간 임원 파견, 가족 간의 혼인관계 등에서도 발견된다. 예를 들면 필리핀의 아시아월드그룹은 대만의 동제사그룹과 이전부터 협력관계에 있었다. 게다가 아시아월드그룹의 대만 자회사를 경영하고 있는, 창업주의 차녀와 동제사의 사장이 결혼한 후 양 그룹의 관계는 한층 밀접해졌다. 1993년 말 양 그룹은 필리핀 정부와 공동으로 수빅 만 재개발을 발표하였다.

화교 네트워크와 서구기업 간의 유대

서구기업들과 아시아 화교 네트워크 간의 유대도 주목할 만하다. 서구기업들도 아시아에서의 사업 확대나 중국시장 진출을 위해서는 역내 화교들과의 관계 강화가 중요하다는 사실을 점차적으로 인식하고 있다. 최근의 예로는 미국의 소매점 체인인 월마트사와 태국의 CP그룹 간의 중국 내 할인연쇄점 설립을 위한 합작사업을 들 수 있다. 이들 회사들은 소매점을 운영하는 월마트 자회사를 이미 홍콩에 설립하였다. CP는 월마트사에게는 이상적인 동업자인데 왜냐하면 CP는 이미 중국에 대규모로 투자한 외국기업 중의 하나로서 중국과의 관계를 이미 잘 다져 놓고 있으며, 태국 내의 세븐일레븐 편의점 체인망을 운영한 경험도 있기 때문이다. 또 다른 예로는 월마트사와 인도네시아 화교기업인 사림그룹의 자회사가 추진하고 있는 월마트사의 아시아 구매 에이전트 사업을 들 수 있다. CP와 협력하고 있는 다른 서구기업으로는 네덜란드의 하이네켄사(중국 내 맥주 합작사업)와 화란의 맥토 홀딩 NV(중국 내 소비재 생산 합작사업)가 있다.

서구기업들은 동남아 지역 진출을 위해서도 화교들과의 긴밀한 관계를 유지해 오고 있다. 1994년 11월 미국의 K-Mart

사가 인도네시아의 화교기업인 PT 멀티폴라와 합작사업 의향
서를 교환했으며, 인도네시아 전역에서 K-Mart점을 운영하고
있다. 물론 이 합작사업이 PT 멀티폴라가 외국기업과 맺은 첫
번째 사업은 아니다. PT 멀티폴라는 IBM과 함께 인도네시아
신흥 금융 분야에 IBM 컴퓨터를 판매한 경험을 갖고 있다.

이 같은 화교 그물망이 한국의 향우회나 동창회보다 강력
한 힘을 발휘하는 이유는 무엇일까? 첫째는 정신적 자세이다.
중화공상연합회의 한 관계자는 "우리의 부모님들이 고향 땅
을 떠날 때 친지들이 해주는 말이 있다. '寄人籬下 明哲保身
(기인리하 명철보신)'이란 말이다. 남의 땅에 얹혀살면서 잡사
에 휩쓸리지 말고 몸을 중히 여기라는 뜻이다"라면서 정신 자
세의 중요성을 꼽는다. 둘째로 유교 문화적 요인이 지적된다.
한 조직 내에 지도자가 정해지면 조직원들은 그에게 절대적인
충성을 보이며, 내부 분파를 허용하지 않는다. 셋째는 연줄인
의 이주 역사를 들 수 있다. 화교 사회에서는 같은 고향에 살
던 형님, 아저씨, 삼촌들이 같은 지역에 줄줄이 이주함으로써
인적 관계를 그대로 유지하는 경향이 강하다. 여기에 동향 조
직들의 대부(貸付)활동이 큰 기여를 했다. 많은 화교들이 여기
서 사업자금을 지원받아 기업가로 성공했다. 화교 개인의 성
공사는 곧 동향 조직의 역사나 다름없다. 지역조합은 단순 향
우회가 아니라 자신을 보호해 주고 성공의 밑거름을 제공한,
혈연과도 같은 조직이다.

화교 네트워크의 국제화

문중 조직이나 동향 조직은 비공식적인 네트워크라는 한계를 지녔기 때문에, 최근 화상의 세계화라는 변화에 호응하여 보다 공식적인 화교 네트워크를 형성하려는 움직임이 활발해졌다.

화교 간의 국제 네트워크를 보다 공고히 할 수 있는 공식적인 방법은 각종 국제화교협회가 세계 각지에서 수시로 개최하고 있는 회의에 참석하는 것이다. 가장 유명한 국제화교협회는 1981년에 설립되었다. 산하에 150여 개의 소규모 협회를 회원으로 확보하고 있고, 2년마다 회의를 개최하여 그동안 미국, 홍콩, 마카오, 캐나다, 프랑스, 필리핀, 태국 등지를 순회하면서 회의를 해왔다. 회합은 화교 간에 구축된 유대관계를 다시 강화시켜 주는 계기를 제공할 뿐만 아니라 외국에 오랜 기간 동안 거주함으로써 소원해진 중국의 고향 친척 및 중국 정부와의 관계를 복원시켜 주는 계기를 제공한다.

세계화상대회는 세계 최대 규모의 화상 네트워크이다. 세계화상대회는 2년마다 개최되며 세계 각국에서 1,000여 명의 화상들이 참석하는데, 방언이나 선조의 출신지와 관계없이 모든 화상들이 참석할 수 있다. 제1차 대회는 1991년 싱가포르에서, 제2차 대회는 1993년 홍콩에서 개최되었고, 그 후 매 2년마다 개최되었다.

고문으로 추대된 리콴유 전 싱가포르 수상은 개막 연설에서 유대인, 중국인 및 인도인 등 해외 거주가 많은 민족들은 문화적으로 고유성을 유지하면서 교육과 가족을 중시하고 근면과 검소를 통해 성장해 왔음을 강조하였다. 그리고 동남아 등 일부 국가에서 화교들의 중국투자에 대해 경계감을 내비치고 있다는 것을 고려하여, 중국투자가 현지국에 대한 투자감소로 나타나지 않도록 유의할 것을 당부하였다. 그리고 중국인들 간의 효과적인 네트워크를 위해 세계 화교 상인의 주소록 발간을 제의하기도 하였다. 세계화상대회의 출범은 화교기업의 세계화 과정에서 '경제원리'와 '문화적 동질성의 결합'이 토대가 되고 있음을 반영하는 것이다.

특히 2001년 제6차 세계화상대회는 세계 화교의 본산인 중국 난징[南京]에서 개최되어, 향후 중국이 세계 화교경제권의 구심적 역할을 수행할 것을 다짐했다. 5,000여 명의 화교 기업인들이 참석한 가운데 대회가 열렸으며, 중국은 이 대회를 위해 무려 1조4,000억 원의 예산과 5,000여 명의 인력을 동원했다. 그럴 수밖에 없는 것이 중국에 매년 투자되는 200억 달러 이상의 해외자본 중 절반이 홍콩, 대만, 싱가포르 등지의 화교 기업인들에게서 나오기 때문이다. 제7차 대회는 2003년 7월 '세계화상의 화합, 세계 기업의 공존과 공동 번영'이라는 주제로 말레이시아 콸라룸푸르에서 개최되었으며, 제8차 대회는 2005년 서울에서 개최될 예정이다. 특히 전세계에서 유일하게 차이나타운 건설에 실패한 한국 화교들이 화상대회를 유치했다는 점에서 크게 주목받고 있다.

세계화상대회는 대표적인 화교 기업가들을 중심으로 성공한 화교계 정치가, 저명한 학자도 초청해 강연 및 연구발표 등을 하는 독특한 성격의 회의로서 다음과 같은 특성을 보이고 있다. 즉, 대회의 취지는 화교기업 간의 협력 네트워크 강화이며 정치색이 배제된 모임이다. 중국 본토 및 대만 양측으로부터 기업가 대표들이 다수 참가하며, 정치, 이데올로기 등과 관련된 주장이나 논쟁은 보이지 않는다.

초기에 이루어진 대회에서는 중국의 개혁개방 노선에 대한 지지를 호소하고 참가자들의 동조를 얻어내기 위해 노력했다. 이는 화교들이 중국 대륙에서 비즈니스 기회를 개척하고 확보했다는 것을 의미하며, 중국의 경제개발 과정에 조기 참가함으로써 커다란 이익을 취하려는 목적이 있었던 것으로 보인다. 이와 함께 회의에서는 민감한 민족 문제에 세심한 주의를 기울이면서 "화교자본 비즈니스의 성공은 중화문화의 핵심적 가치관에 기인한다" 혹은 "네트워크에 의한 제휴 강화는 반드시 필요한 것으로서 상호 정보 교환을 통해 최대의 이익 기회를 쟁취하는 것에는 어떠한 비난도 있을 수 없다"는 입장을 공유하고, 자본도피나 충성심 결여 등으로 의심받지 않도록 거주국에 대한 투자도 동시에 증대시킬 것을 강조했다.

해를 거듭할수록 세계화상대회는 점차 각국의 화교자본 유치를 위한 장으로 활용되고 있다. 제4차 캐나다 밴쿠버 화상대회와 제5차 호주 멜버른 화상대회는 주로 홍콩, 대만 및 동남아 등지의 부유한 화교를 겨냥하여 대규모 투자이민과 유학

및 부동산 투자 유치에 중점을 두었고, 제6차 중국 난징 화상
대회는 주룽지[朱鎔基] 총리가 직접 나서 전세계 화상에게 중
국에 보다 많은 투자를 해달라고 호소했다. 이번 7차 콸라룸
푸르 대회는 마하티르 말레이시아 총리가 개막식 연설 후 화
상들과 사전 조율 없이 무려 1시간 30분 동안의 긴 질의응답
시간을 가져, 화상에게 강력한 투자의지를 심어 주었다.

　세계화상대회의 지속적인 개최는 화교기업의 다국적화에
있어서 순수한 경제적 원리보다는 문화적인 공유를 토대로 이
루어진 네트워크가 한층 중요한 역할을 담당할 것이라는 믿음
을 반영하는 것이다. 특히 동남아 지역에서 탈피하여 미주와
유럽은 물론 아프리카 지역에까지 활동 영역을 넓히려는 화상
들에게 세계적인 화교 네트워크의 형성은 절실했으며, 세계화
상대회는 그 일환으로 조직된 것이다.

　화교 간의 횡적인 네트워크 구축은 아시아 각국에 흩어져
살고 있는 화교들 대부분이 공동으로 갖고 있는 중국인이란
역사의식에서 비롯된다. 최근에는 동남아 화교들이 현지국의
정치적, 사회적 혼란을 피해 제3국으로 재이주한 곳에서 상호
간 새로운 네트워크가 구축되는 신경향도 나타나고 있다. 예
를 들면 인도네시아, 미안마, 베트남 등에서 재이주한 화교들
이 인도네시아, 미안마, 베트남, 중국 등지의 화교들과 긴밀한
네트워크를 지속적으로 유지하면서 해당 국가에 대한 외국인
투자의 대부분을 차지하고 있다.

　이밖에 이주 지역을 중심으로 조직된 국제화교협회가 있는

데, 그중 가장 주목받는 단체로는 세계하카협회[世界客屬總會], 앞서 언급한 차오저우협회[潮州協會], 국제푸저우협회(International Society of Fuzhou) 등이 있다. 이중 차오저우협회는 150여 개의 소규모 차오저우 단체로 구성되어 있으며, 2년마다 세계대회를 개최한다. 제9회 대회는 1997년에 산터우[汕頭]에서 열렸다.

최근 과학기술 분야의 급속한 발전은 화교 네트워크를 강화시키는 한 요인이다. 항공기 등 운송 수단의 발달은 화교 간의 교류를 더욱 강화시키고 있고, 인터넷도 새로운 네트워크의 수단으로 사용되기 때문이다. 세계화상대회의 성공에 힘입어 영문과 중문을 겸비한 세계화상인터넷이 등장하여 정보화 시대에 부응하는 화상의 세계화가 이루어지고 있다. 싱가포르 중국인 상공회의소가 1997년 7월에 문을 연 화상 인터넷(http://wcbn.com.sg)은 좋은 예이다.

화교 네트워크로부터 무엇을 배울 수 있는가

세계 각국에 흩어져 있는 특정 민족 집단 가운데 화교는 여러 가지 측면에서 두드러진 특징을 지니고 있다. 먼저 그 수만 보아도 5천만 명 이상으로 엄청날 뿐만 아니라 이들의 이주사 또한 수세기에 이를 정도로 장대하다. 불모의 대륙이나 황량한 벌판, 적도의 밀림 속에서 풍요의 땅을 찾아 기약 없는 유랑의 길을 떠났던 이들은, 이제 이주지의 유랑민이 아닌 어엿한 주민으로 굳게 뿌리를 내렸다. 또한 화교들은 그들의 모국으로부터 가장 존경받는 해외 국민으로 대접받고 있다.

화교들은 주로 동남아 일대에 정착하기 시작했다. 초기에는 주로 중노동으로 영세 자본을 축적했다. 어느 정도 자본이 축적되자 이들은 아편, 도박, 전당포, 철도건설 도급, 청부업, 수

입상품 브로커 등 분배와 관련된 분야에 진출해 '화교형 중간지대'를 형성했다. 이렇게 이들은 중노동에서 벗어났다. 그렇다면 이들의 이런 활동을 가능하게 했던 힘은 무엇이었을까? 그것은 바로 혈연과 지연으로 묶인 인간관계가 바탕이 된 단결, 즉 네트워크의 활용이었다.

실질적으로 화교들이 성장하는 데 원동력이 되었던 것은 그들의 똑똑하고 부지런한 품성과 검소한 생활 습관뿐만이 아니다. 바로 결속을 통한 철저한 상호 단결력과 치밀한 조직력이 그 비결이었다. 중국 정부에서 해외 거주 중국인들에게 제대로 신경을 써주지 않았기 때문에, 화교들은 자신들 스스로 단체와 모임 등을 결성할 수밖에 없었다. 게다가 바다 건너 낯선 땅에서 이들이 의지할 것이라고는 혈연, 즉 핏줄뿐이었다. 예나 지금이나 세계 어디를 가든 혈연만큼 강한 단결력을 보여주는 것은 없다. 세계가 점점 더 지구촌화되어 감에 따라 국경이 사라지고 있는 것은 사실이나, 아이러니하게도 민족적 단결심은 더욱 강해지고 있다. 전세계 화교 그물망은 바로 이런 혈연으로 연결되었기 때문에, 어떤 단체보다도 강한 결속력을 이룰 수 있는 것이다.

현 상황에서 화교들에게서 감지할 수 있는 흐름은 크게 세 가지이다. 그 하나는 화교의 현지화와 토착화가 강화될 것이라는 예상이다. 이것은 화교의 중국 이탈 현상이 가속화될 것이라는 말과 일맥상통하는 의미이다. 또 하나는 화교의 중국 이탈 속에서도 중국으로 회귀하는 부류가 생겨날 것이라는 점이다. 실제로 화교와 중국 본토, 홍콩, 마카오, 대만 등 중국계 여러 지역과의 경제교류가 활성화되면서 화교의 중국 회귀가 증가하는 추세이다. 마지막으로 화교들이 자신의 생존 수단으로 국제화와 글로벌화를 가속화시킬 것이라는 점이다. 주재국에 살면서도 주재국 정부에 충성하지 않고, 편의상 특정국 국적을 보유하면서도 전세계를 대상으로 활동하는 화교들의 수가 증가할 것으로 보인다.

앞에서 살펴본 것처럼 화교들은 아시아의 경제 지도를 바꾸고 있으며, 전세계 곳곳에 사람과 자본을 심어 놓는 이른바 현지화, 세계화 전략을 꾸준히 전개해 왔다. 우리도 이들 못지않은 '코리아 글로벌 네트워크'를 짤 수 있는 소중한 해외자산이 있다. 전세계 170여 개국에 퍼져 있는 550여 만 명의 해외동포가 그들이다. 이들을 연결시켜 주는 코리안 네트워크의 구축이야말로 21세기 무국경, 무한경쟁 시대를 헤쳐 나갈 수 있는 지름길이다.

사실 코리안 네트워크는 1991년부터 시작된 세계화상대회를 본뜬 개념이다. 세계화상대회는 아시아뿐만 아니라 미국, 중남미, 유럽연합, 남아프리카에 이르기까지 날로 세력이 커지고 있는 전세계 화교들의 공동체이다. 향후 중국자본과 경제의 움직임을 좌우할 거대한 힘으로 자리잡아 가고 있는 '범중국인 네트워크'인 셈이다. 영국 인구와 맞먹는 수의 화교와 그 후예들은 본토 중국을 중심으로 동남아시아 지역에 확고한 뿌리를 내린 데 이어, 북미와 남미 지역 및 아프리카까지 진출하고 있다.

그렇다면 과연 코리안 네트워크도 그 이름에 걸맞은 몫을 하고 있는가? 해외교민 수가 전체 인구의 15%가량이나 돼 유대인 다음으로 해외 교민의 비중이 크다는 점에서, 만약 이들을 하나로 통합해 나간다면 아마도 큰 힘을 발휘할 수 있을 것이다. 현재로서는 본국기업과 연계가 가능한 업종이 섬유업 등의 극히 일부 업종에만 한정돼 있으나 코리안 네트워크를 중심으로 본국 기업과 교민들이 함께 공통분모를 모색해 간다면 '전략적 코리안 네트워크'의 장래는 매우 낙관적일 수도 있다.

그러나 코리안 네트워크 형성 작업은 그리 간단치 않다. "남북통일보다 어렵다"는 얘기가 나올 만큼 산적한 문제점들이 가로놓여 있다. 가장 먼저, 추진 주체가 안고 있는 문제점을 들 수 있다. OKTA(세계해외한인무역협회)가 중심 역할을 한다고는 하지만 인력과 예산이 절대적으로 부족한 실정이다.

해외 기업인들을 끌어들일 만큼의 정보나 유인책이 거의 없는 것도 문제이다. 일부 '알고 찾는' 몇몇 기업인들이 바이어의 연락처를 물어오면 지부에 문의해 알려주는 정도가 전부이다. 본국의 기업과 교민들이 종사하고 있는 업종 간에 공통분모가 별로 없는 데다, 상호 불신이 짙게 깔려 있는 점도 단결을 호소하기 어렵게 만드는 요인 가운데 하나이다. 한 걸음 더 나아가 코리안 네트워크의 개념을 단순 교역 차원에서 정치, 경제, 문화 등 다각도로 교류 가능한 채널로 발전시키지 않고서는 명실상부한 코리안 네트워크 형성은 어려울 것이라는 지적 또한 진지하게 받아들여야 할 것이다.

21세기를 맞이하면서 '해외교포-국내 민간 기업-정부'로 연결되는 21세기 세계화 전략이 어느 때보다 시급하다. 늦었지만 이제라도 그 틀을 세밀하게 짜고 치밀하게 실행해 나가야 한다. 이러한 시도야말로 21세기 무국경, 무한경쟁 시대를 슬기롭게 대처할 수 있는 필수적이고도 효율적인 전략적 선택이기 때문이다.

학교

| 펴낸날 | 초판 1쇄 2004년 2월 10일 |
| | 초판 4쇄 2013년 12월 10일 |

지은이	정성호
펴낸이	심만수
펴낸곳	(주)살림출판사
출판등록	1989년 11월 1일 제9-210호

주소	경기도 파주시 문발동 522-1
전화	031-955-1350 팩스 031-624-1356
기획·편집	031-955-4662
홈페이지	http://www.sallimbooks.com
이메일	book@sallimbooks.com

| ISBN | 978-89-522-0189-8   04080 |

089 커피 이야기   `eBook`

김성윤(조선일보 기자)

커피는 일상을 영위하는 데 꼭 필요한 현대인의 생필품이 되어 버렸다. 중독성 있는 향, 마실수록 감미로운 쓴맛, 각성효과, 마음의 평화까지 제공하는 커피. 이 책에서 저자는 커피의 발견에 얽힌 이야기를 통해 그 기원을 설명한다. 커피의 문화사뿐만 아니라 커피에 대한 일반적인 정보 및 오해에 대해서도 쉽고 재미있게 소개한다.

021 색채의 상징, 색채의 심리

박영수(테마역사문화연구원 원장)

색채의 상징을 과학적으로 설명한 책. 색채의 이면에 숨어 있는 과학적 원리를 깨우쳐 주고 색채가 인간의 심리에 어떤 작용을 하는지를 여러 가지 분야의 사례를 통해 설명한다. 저자는 색에는 나름대로의 독특한 상징이 숨어 있으며, 성격에 따라 선호하는 색채도 다르다고 말한다.

001 미국의 좌파와 우파   `eBook`

이주영(건국대 사학과 명예교수)

진보와 보수 세력의 변천사를 통해 미국의 정치와 사회 그리고 문화가 어떻게 형성되고 변해왔는지를 추적한 책. 건국 초기의 자유방임주의가 경제위기의 상황에서 진보-좌파 세력의 득세로 이어진 과정, 민주당과 공화당의 대립과 갈등, '제2의 미국혁명'으로 일컬어지는 극우파의 성장 배경 등이 자연스럽게 서술된다.

002 미국의 정체성 10가지 코드로 미국을 말하다   `eBook`

김형인(한국외대 연구교수)

개인주의, 자유의 예찬, 평등주의, 법치주의, 다문화주의, 청교도 정신, 개척 정신, 실용주의, 과학 · 기술에 대한 신뢰, 미래지향성과 직설적 표현 등 10가지 코드를 통해 미국인의 정체성과 신념을 추적한 책. 미국인의 가치관과 정신이 어떠한 과정을 통해서 형성되고 변천되어 왔는지를 보여 준다.

058 중국의 문화코드

강진석(한국외대 연구교수)

중국의 핵심적인 문화코드를 통해 중국인의 과거와 현재, 문명의 형성 배경과 다양한 문화 양상을 조명한 책. 이 책은 중국인의 대표적인 기질이 어떠한 역사적 맥락에서 형성되었는지 주목한다. 또한, 구체적이고 실제적인 여러 사물과 사례를 중심으로 중국인의 사유방식에 대해 설명해 주고 있다.

057 중국의 정체성　　eBook

강준영(한국외대 중국어과 교수)

중국, 중국인을 우리는 과연 어떻게 이해해야 하나? 우리 겨레의 역사와 직 · 간접적으로 끊임없이 영향을 주고받은 중국, 그러면서도 아직까지 그들의 속내를 자신 있게 말할 수 없는, 한편으로는 신비스럽고, 한편으로는 종잡을 수 없는 중국인에 대한 정체성을 명쾌하게 정리한 책.

015 오리엔탈리즘의 역사　　eBook

정진농(부산대 영문과 교수)

동양인에 대한 서양인의 오만한 사고와 의식에 준엄한 항의를 했던 에드워드 사이드의 오리엔탈리즘. 이 책은 에드워드 사이드의 이론 해설에 머무르지 않고 진정한 오리엔탈리즘의 출발점과 그 과정, 그리고 현재와 미래의 조망까지 아우른다. 또한 오리엔탈리즘이 사이드가 발굴해 낸 새로운 개념이 결코 아님을 역설한다.

186 일본의 정체성　　eBook

김필동(세명대 일어일문학과 교수)

일본인의 의식세계와 오늘의 일본을 만든 정신과 문화 등을 소개한 책. 일본인을 지배하는 이데올로기는 무엇이고 어떤 특징을 가지는지, 일본을 주목해야 하는 이유는 무엇인지 등이 서술된다. 일본인 행동양식의 특징과 토착적인 사상, 일본사회의 문화적 전통의 실체에 대한 분석을 통해 일본의 정체성을 체계적으로 살펴보고 있다.

261 노블레스 오블리주 세상을 비추는 기부의 역사

예종석(한양대 경영학과 교수)

프랑스어로 '높은 사회적 신분에 상응하는 도덕적 의무'를 뜻하는 노블레스 오블리주. 고대 그리스부터 현대까지 이어지고 있는 노블레스 오블리주의 역사 및 미국과 우리나라의 기부 문화를 살펴보고, 새로운 시대정신으로 노블레스 오블리주를 부활시킬 수 있는 가능성을 모색해 본다.

396 치명적인 금융위기, 왜 유독 대한민국인가 eBook

오형규(한국경제신문 논설위원)

이 책은 전 세계적인 금융 리스크의 증가 현상을 살펴보는 동시에 유달리 위기에 취약한 대한민국 경제의 문제를 진단한다. 금융안정망 구축 방안과 같은 실용적인 경제정책에서부터 개개인이 기억해야 할 대비법까지 제시해 주는 이 책을 통해 현대사회의 뉴노멀이 되어 버린 금융위기에서 살아남는 방법을 확인해 보자.

400 불안사회 대한민국, 복지가 해답인가 eBook

신광영(중앙대 사회학과 교수)

대한민국 사회의 미래를 위해서 복지는 선택이 아니라 필수라고 말하는 책. 이를 위해 경제 위기, 사회해체, 저출산 고령화, 공동체 붕괴 등 불안사회 대한민국이 안고 있는 수많은 리스크를 진단한다. 저자는 사회적 위험에 대응하기 위한 복지 제도야말로 국민 모두의 삶의 질을 높일 수 있는 길이라는 것을 역설한다.

380 기후변화 이야기 eBook

이유진(녹색연합 기후에너지 정책위원)

이 책은 기후변화라는 위기의 시대를 살면서 우리가 알아야 할 기본지식을 소개한다. 저자는 기후변화와 관련된 핵심 쟁점들을 모두 정리하는 동시에 우리가 행동해야 할 실천적인 대안을 제시한다. 이를 통해 독자들은 기후변화 시대를 사는 우리가 무엇을 해야 할 것인지에 대하여 생각해 볼 수 있을 것이다.

eBook 표시가 되어있는 도서는 전자책으로 구매가 가능합니다.

㈜**살림출판사**
www.sallimbooks.com
주소 경기도 파주시 문발동 522-1 | 전화 031-955-1350 | 팩스 031-955-1355